权威·前沿·原创

皮书系列为
"十二五""十三五""十四五"时期国家重点出版物出版专项规划项目

BLUE BOOK

智库成果出版与传播平台

工业和信息化蓝皮书
BLUE BOOK OF INDUSTRY AND INFORMATIZATION

中小企业发展报告
（2023~2024）

ANNUAL REPORT ON THE DEVELOPMENT OF SMALL AND
MEDIUM-SIZED ENTERPRISES (2023-2024)

组织编写／国家工业信息安全发展研究中心
主　　编／蒋　艳

社会科学文献出版社
SOCIAL SCIENCES ACADEMIC PRESS (CHINA)

图书在版编目（CIP）数据

中小企业发展报告 . 2023-2024 / 蒋艳主编 .
北京：社会科学文献出版社，2024. 8. -- （工业和信
息化蓝皮书）. --ISBN 978-7-5228-3764-2

Ⅰ. F279. 243

中国国家版本馆 CIP 数据核字第 20246VY762 号

工业和信息化蓝皮书

中小企业发展报告（2023~2024）

组织编写／国家工业信息安全发展研究中心
主　　编／蒋　艳

出 版 人／冀祥德
组稿编辑／宋　静
责任编辑／吴云岑
责任印制／王京美

出　　版／社会科学文献出版社·皮书分社（010）59367127
　　　　　地址：北京市北三环中路甲 29 号院华龙大厦　邮编：100029
　　　　　网址：www. ssap. com. cn
发　　行／社会科学文献出版社（010）59367028
印　　装／天津千鹤文化传播有限公司

规　　格／开 本：787mm×1092mm　1/16
　　　　　印 张：15.75　字 数：205 千字
版　　次／2024 年 8 月第 1 版　2024 年 8 月第 1 次印刷
书　　号／ISBN 978-7-5228-3764-2
定　　价／158. 00 元

读者服务电话：4008918866

工业和信息化蓝皮书
编　委　会

《中小企业发展报告（2023~2024）》
编 写 组

课题编写　国家工业信息安全发展研究中心保障技术所

组　　长　廖　凯

副 组 长　陈正坤　郝建青

编写人员　冷　哲　李文阳　刘　焘　郎丰博　刘灿耀
　　　　　王子贺　武昭媛　王欣欣　夏英非　杨卓凡
　　　　　伍莹乐

主编简介

蒋 艳 国家工业信息安全发展研究中心主任、党委副书记，正高级工程师，中国电子质量管理协会理事长，工业和信息化部电子科学技术委员会常委、工控安全组组长。致力于工业信息安全、关键软件、制造业数字化转型等领域政策研究、标准研制、产业咨询、技术创新及行业管理工作，主要研究方向包括国家工业和信息化的战略布局、产业规划、政策标准等，牵头组织支撑编制和推动实施《"十四五"软件和信息技术服务业发展规划》《工业领域数据安全能力提升实施方案（2024—2026 年）》《工业控制系统网络安全防护指南》等多项政策文件，主持完成多项省部级重大专项或研究课题，公开发表（出版）学术论文和著作 30 余篇（部）。

国家工业信息安全发展研究中心简介

国家工业信息安全发展研究中心（工业和信息化部电子第一研究所）成立于1959年，是工业和信息化部直属事业单位，是我国工业信息安全领域重要的服务保障机构。

经过60余年的发展与积淀，中心拥有2个国家质检中心、6个工业和信息化部重点实验室，具有等保测评、商用密码安全性评估、信息安全风险评估、电子数据司法鉴定、软件测试等资质。牵头（或参与）承担了上百项国家重点研发计划、工业转型升级专项、制造业高质量发展专项、基础科研重大工程等重大专项，形成了工业信息安全综合保障、关键软件生态促进服务、制造业数字化转型服务三大业务体系，提供智库咨询、技术研发、检验检测、试验验证、评估评价、知识产权、数据资源等公共服务，并长期承担声像采集制作、档案文献、工程建设、年鉴出版等管理支撑工作。

新时期，中心将坚持以习近平新时代中国特色社会主义思想为指导，深入贯彻总体国家安全观，统筹发展和安全，聚焦主责主业，突出特色，以加快推进新型工业化为主线，围绕强化对部支撑保障、服务行业企业发展两项使命任务，聚焦工业信息安全、关键软件、制造业数字化转型三个重点领域，持续提升安全保障、转型服务、生态促进、决策支撑四种核心能力，加快建设一流的国家工业信息安全服务保障机构，为服务产业科技高水平安全、护航新型工业化高质量发展作出新的更大贡献。

公众号：国家工业信息安全发展研究中心

序

当前，新一轮科技革命和产业变革突飞猛进，全球科技创新空前密集活跃，5G、人工智能、互联网、大数据等新兴技术加速突破应用，带动相关传统技术交叉融合、迭代创新，催生一批具有重大影响力的新产业新业态。世界各国纷纷加强前瞻性战略布局，加大数字经济、先进制造、产业链供应链等领域发展的政策支持力度，竞争相关领域技术标准、经贸规则制定的主导权。全球产业发展和分工格局面临深刻调整，单边主义、保护主义势头明显上升，产业链重组、供应链重构、价值链重塑不断深化，加之受地区冲突影响，世界产业链供应链稳定受到冲击。

我国制造业规模已连续 14 年居世界首位，工业发展正处于由大变强的重要关口。2023 年 9 月，习近平总书记就推进新型工业化作出重要指示，强调"把高质量发展的要求贯穿新型工业化全过程，把建设制造强国同发展数字经济、产业信息化等有机结合"。2024 年 1 月 31 日，习近平总书记在主持中共中央政治局第十一次集体学习时强调，"发展新质生产力是推动高质量发展的内在要求和重要着力点"。这为我国加快发展新质生产力、深入推进新型工业化指明了方向，提供了根本遵循。我国具有工业体系完整、产业规模庞大、应用场景丰富等优势，数字经济规模位居全球第二，深入推进新型工业化，加快人工智能赋能，将有力推动制造业智能化转型、高水平赋能工业制造体系，促进我国产业从中低端迈向中高端。

自5G首次发牌起，我国5G商用至今已满5年。我国5G基站数、用户数、用户渗透率领跑全球，移动宽带平均下载速率已超越固定宽带，5G创造的赋能价值得到了社会的高度认可。截至2024年6月，我国5G基站总数达391.7万个，占全网的33%，占全球的60.0%；5G移动电话用户达9.27亿户，占全网的52.4%，占全球的50.8%；5G峰值与均值下载速率为4G的7倍，上行速率为4G的3倍；据Speedtext数据，我国的移动通信平均下载速率居全球第7位。5G应用在制造业、矿业、电力、医疗等领域实现规模复制，直接带动经济总产出约5.6万亿元，间接带动总产出约14万亿元，有力地促进了经济社会高质量发展。现在以5G-A为代表的5G发展下半场已经开始，创新仍然是产学研各界面对的共同命题，需要在智能化、宽带化、轻量化、主动适配等方面积极开展技术和应用创新，深化与实体经济的结合。

人工智能正以前所未有的速度和规模发展，大模型、AIGC成为全球数字经济发展的热点。各类科技大公司、创新型公司展开投入竞赛，我国以百度、华为、阿里等为代表的数字企业加大人工智能大模型开发力度，创新应用不断迭代升级。截至2024年6月底，我国已经完成备案并上线能为公众提供服务的生成式人工智能大模型已达180余个，注册用户已突破5.64亿。2024年将发力AI的垂直行业应用，我们将看到越来越多的创新应用场景和产品形态涌现，这对于推动我国人工智能产业快速、持续、健康发展具有非常重要的作用。截至2024年第一季度，我国人工智能企业数量超过4500家，工业机器人、工业软件等数字产品和服务能力不断提升，为人工智能赋能新型工业化奠定了良好基础。

大模型的快速发展离不开高质量数据的支持，同时也是数据价值的体现。《全国数据资源调查报告（2023年）》显示，2023年，全国数据生产总量达到32.85泽字节（ZB），同比增长

22.44%；数据存储方面，我国累计数据存储总量为 1.73ZB，存储空间利用率为 59%。预计 2024 年，数据生产量增长将超过 25%，数据存储能力也将随硬件技术的升级迭代和降本而快速提升，数据规模优势将进一步扩大。党中央决策部署组建国家数据局，负责协调推进数据基础制度建设，统筹数据资源整合共享和开发利用，统筹推进数字中国、数字经济、数字社会规划和建设等，将有力促进数据要素技术创新、开发利用和有效治理，以数据强国支撑数字中国建设。

大模型的全球爆发，带动了算力需求的快速增长，我国已经成为全球的算力大国。"东数西算"工程 8 个国家算力枢纽节点暨十大数据中心集群建设提速，建设超过 180 条干线光缆，骨干网互联带宽扩容到 40T，全国算力枢纽节点 20ms 时延圈已经覆盖了全国主要城市。截至 2023 年底，我国在用数据中心机架总规模超过 810 万标准机架，算力总规模达到了 230EFLOPS，即每秒 230 百亿亿次浮点运算，位居全球第二，同比增长约 30%。其中，智能算力规模达到了 70EFLOPS，在所有算力中的占比提高到约 30%，增速超过 70%。随着人工智能训练需求的高涨，各行业各领域对智能算力的需求日趋强烈，算力在短期内虽然会出现难以满足需求的情况，但会随应用需求加速调整布局，提高算力利用率。

应用方面，以大模型为代表的人工智能发展正加速与制造业深度融合，深刻改变制造业生产模式和经济形态，展现出强大的赋能效应。截至 2023 年底，全国工业企业关键工序数控化率和数字化研发设计工具普及率分别达到 62.2% 和 79.6%。工业互联网融入 49 个国民经济大类，覆盖全部工业大类，深入制造业研、产、供、销、服等各环节。培育国家级智能制造示范工厂 421 家、省级数字化车间和智能工厂万余家，人工智能等技术在 90% 以上的示范工厂得到应用，有效带动传统产业转型升级。当前市场以基础大模型为主，通识能力强，但缺少行业专业知识。如何将大模型融入千行百业，是下一阶段的发展重点，也将为工业、金融、广电等行业数字化转型和高质量发展带来新动能。

绿色低碳是新型工业化的生态底色，也是当今世界科技革命和产业变革的方向。我国绿色低碳转型扎实推进，工业绿色化发展取得新成效，钢铁和有色金属等传统行业规上工业单位增加值能耗继续下降，乙烯等行业达到能效标杆水平的产能比例已经超过30%。信息基础设施能效也不断优化，截至2023年底，累计培育196家绿色数据中心。绿色动能加快释放，累计培育绿色工厂5095家、绿色工业园区371家、绿色供应链管理企业605家。汽车来到新能源时代，国产品牌的新能源车率先利用数字技术在平价车型上提供智驾等配置，显著提升国产新能源车的竞争力。2024年上半年，新能源汽车产销同比分别增长30.1%和32.0%，市场占有率达到35.2%。智能网联系统在汽车产业内的装配率预计将在2025年达到83%的水平，年均复合增长率为16.1%，与新能源车相辅相成。

2024年是实现"十四五"规划目标任务的关键一年，也是全面落实全国新型工业化推进大会部署的重要一年。党的二十届三中全会决定指出，"促进各类先进生产要素向发展新质生产力集聚"。工业和信息化领域是实体经济的重点，更是数字经济和实体经济融合发展的主战场。值此之际，国家工业信息安全发展研究中心推出2023~2024年度"工业和信息化蓝皮书"，深入分析研判数字经济、人工智能、新兴产业、数字化转型、工业绿色低碳、软件产业、中小企业发展等重点领域的最新态势和发展趋势。相信读者能从蓝皮书新颖的观点、深入的分析、翔实的数据和丰富的案例中有所收获，更全面地理解和把握当前工业和信息化领域的发展形势、机遇和挑战，持续推动新质生产力发展取得新进展、

新突破，加快建设制造强国和网络强国，不断开创新型工业化发
展新局面。

  是为序。

摘　要

中小企业是国民经济和社会发展的重要支柱，是推动国民经济持续发展的重要力量之一，是建设现代化经济体系、推动经济实现高质量发展的重要基础，在增加就业、促进经济增长、科技创新与维护社会和谐稳定等方面具有不可替代的作用。在党的二十大和中央经济工作会议精神指导下，我国民营经济蓬勃发展，截至2023年末，我国民营企业超过5300万户，占企业总量的92%以上。

以习近平同志为核心的党中央高度重视民营经济发展，多次重申坚持基本经济制度，坚持"两个毫不动摇"。党的二十大报告提出，要构建高水平社会主义市场经济体制，坚持和完善社会主义基本经济制度，毫不动摇巩固和发展公有制经济，毫不动摇鼓励、支持、引导非公有制经济发展。2023年以来，国家出台一系列法律法规和政策文件，在市场准入、要素获取、公平执法、权益保护等方面落实一批举措，中小企业综合实力、核心竞争力进一步增强，为我国整体经济回升向好奠定了坚实的基础。

回顾2023年我国中小企业的发展，"数字化转型""专精特新""惠企政策"等成为热点和关键，在助力中小企业纾困解难、培育专精特新"小巨人"、中小企业融资促进工作、数字化转型城市试点等方面均取得了一些成效，中小企业融资成本持续下降、融资渠道愈发多元化，在国民经济发展中的作用愈发凸显。因此，本报告试图从这些中小企业发展的热点和关键领域出发，展示我国中小企业在数字化转型、专精特新、融资促进、权益保障、交流合作等领域的主要发展情况。

同时，我国中小企业发展面临的机遇和挑战交织，需要继续强化法治保障、加强融资支持、优化营商环境、强化人才需求保障、提升科技创新能力、深化数字化转型、支持中小企业参与国家重大战略、推动国际化发展，促进中小企业做大做优做强，实现高质量发展，使之在全面建设社会主义现代化国家新征程中作出积极贡献。

关键词： 中小企业　专精特新　数字化转型　高质量发展

目 录 ⌐⊃

Ⅳ 专精特新企业篇

Ⅴ 专题篇

皮书数据库阅读**使用指南**

总 报 告

B.1

2023年中国中小企业发展形势分析

陈正坤　郎丰博*

摘　要： 2023年，我国中小企业发展稳中求进，国家和各地方政府出台了一系列政策，支持中小企业发展活力整体回升，总体规模进一步扩大、融资服务体系不断完善、数字化转型开启新征程、国际合作持续深化。但也应注意到当前全球不稳定因素加剧，中小企业仍存在成本上升、增收不增利、应收账款拖欠等问题，在金融支持、大中小企业融通创新方面仍面临一定阻力。下一步，要继续巩固和增强经济回升向好态势，政府层面应强化中小企业法治保障，加强融资支持，优化营商环境，强化人才需求保障，提升科技创新能力，支持参与国家重大战略，促进中小企业专精特新和高质量发展。

---

* 陈正坤，国家工业信息安全发展研究中心保障技术所所长，高级工程师，主要研究方向为中小企业专精特新发展、数字化转型及融资促进；郎丰博，国家工业信息安全发展研究中心保障技术所助理研究员，主要研究方向为中小企业数字化转型及融资促进。

关键词： 中小企业　专精特新　数字化转型

中小企业是我国国民经济发展的重要支柱，是推动国民经济持续发展的重要力量。中小企业的快速发展能够促进就业，推动经济增长、科技创新以及社会和谐稳定，对我国国民经济和社会发展具有重要的战略意义。在党的二十大和中央经济工作会议精神指导下，我国民营经济蓬勃发展，截至 2023 年末，我国民营企业超过 5300 万户，占企业总量的 92% 以上。[①] 民营企业中绝大多数是中小企业，这也反映了近年来我国中小企业规模的快速增长。

党中央和国务院高度重视中小企业发展，2023 年，我国坚持稳中求进、以进促稳，先立后破，加大宏观调控力度，不断巩固和增强经济回升向好态势，促进中小企业专精特新和高质量发展。2023 年以来，国家出台一系列法律法规和政策文件，在市场准入、要素获取、公平执法、权益保护等方面落实一批举措，中小企业综合实力、核心竞争力进一步增强，为我国整体经济回升向好奠定了坚实的基础。

一　中小企业发展稳中求进

（一）中小企业发展活力回升

2023 年，我国仍面临诸多困难和挑战。外部环境更趋复杂严峻，国际经贸投资放缓，通胀高位回落，发达国家利率高企，美西方国家

[①] 2024 年 2 月 28 日，国家市场监督管理总局在浙江义乌召开"分型分类精准帮扶，提升个体工商户发展质量"新闻发布会，介绍市场监管部门在推动包括个体工商户在内的经营主体高质量发展方面采取的措施。参见国家市场监督管理总局官方网站。

对我国的打压阻遏、脱钩断链仍在持续，加之地缘冲突的影响，经济波动和风险加剧。国内有效需求不足，部分行业产能过剩、社会预期偏弱、风险隐患仍然较多，国内大循环存在堵点。但总体来看，按照党中央、国务院决策部署，坚持稳中求进工作总基调，国内经济运行延续回升向好态势，宏观调控力度加大，增长动力持续增强，高质量发展扎实推进，着力扩大内需，现代化产业体系建设取得重要进展，科技创新实现新的突破，为我国民营经济运行夯实基础，为中小企业发展活力整体回升奠定基调。根据中国中小企业协会发布的年度数据，2023 年我国中小企业发展指数平均值为 89.2，高于 2022 年全年的 88.4，扭转了连续两年指数下降的趋势，但与疫情前水平相比仍有一定差距。2014~2023 年我国分季度中小企业发展指数如图 1 所示。

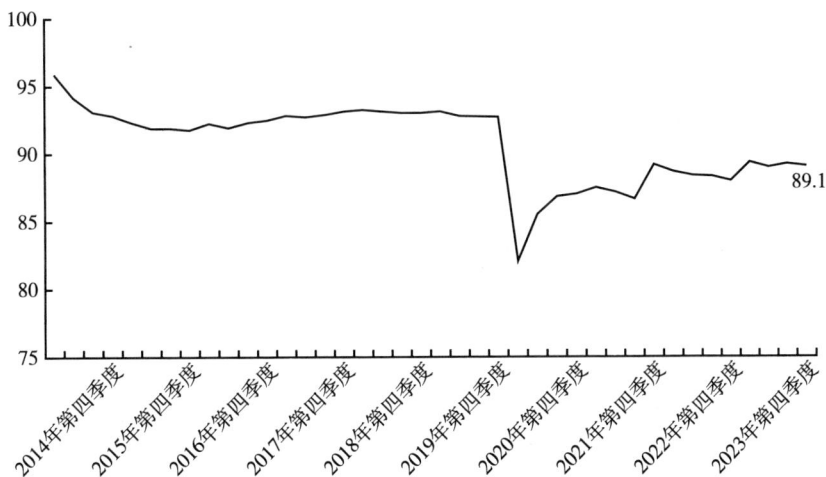

图 1　2014~2023 年我国中小企业发展指数（分季度）

资料来源：中国中小企业协会，国家工业信息安全发展研究中心整理。

具体来看，2023 年一季度和三季度，中小企业发展指数呈上升局面，但二季度和四季度呈下降局面。疫情防控平稳转段后，居民生活、企业生产秩序恢复，企业信心有所回升，加之春节期间消费反弹，旅游、出行、餐饮等需求恢复较快，接触性聚集性行业恢复明显，一季度指数环比提高 1.3 点。同时服务消费也成为拉动全年中小企业发展指数的重要动力，其中全年住宿餐饮业指数上升 1.6 点，交通运输业指数上升 1.5 点，社会服务业指数上升 0.9 点。但由于经济增长内生动力不足，恢复基础尚不稳固，中小企业融资难、融资贵等问题凸显，实际恢复低于预期，二季度中小企业发展指数环比回落 0.3 点。进入下半年后，随着 7 月的《关于促进民营经济发展壮大的意见》《关于实施促进民营经济发展近期若干举措的通知》等一揽子政策文件落地，信息技术服务业等高技术产业对于中小企业转型升级的带动作用凸显，成为中小企业发展的重要驱动力，带动三季度中小企业发展指数回升 0.2 点。进入四季度后，受民营企业固定资产投资带来的负反馈、企业回款压力仍高居不下等多重压力制约，中小企业发展指数再次回落 0.1 点。2022 年、2023 年我国中小企业分行业发展指数如图 2 所示。

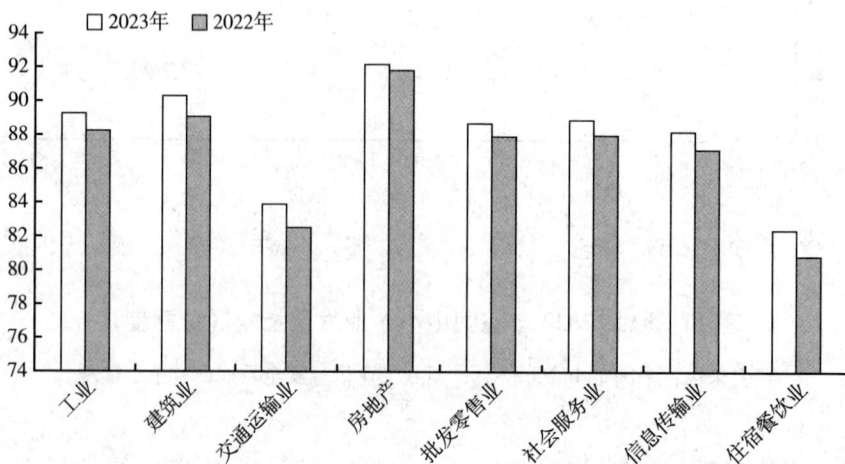

图 2　2022 年、2023 年我国中小企业分行业发展指数

资料来源：中国中小企业协会，国家工业信息安全发展研究中心整理。

从分项指数来看，2023年我国中小企业发展指数呈现以下几个特点。一是分项指数中大部分均呈现回升态势，反映了中小企业发展全面回暖。二是劳动力指数运行较好，反映了2023年减税降费、人才补贴等一揽子政策落地成效显著。三是市场指数、效益指数仍弱势运行，反映了中小企业仍面临有效需求回升缓慢、经济循环存在堵点、订单减少、增收不增利等问题。四是成本指数、资金指数与2022年变化不大，无明显提高，且低于疫情前水平，反映中小企业仍面临经营成本上升、融资难、应收账款拖欠等问题（见图3）。

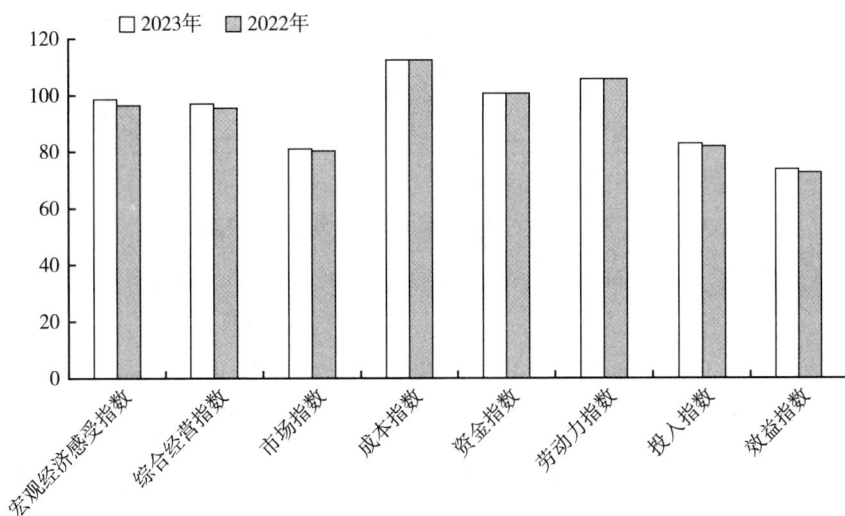

图3　2022年、2023年我国中小企业发展指数分项指数

资料来源：中国中小企业协会，国家工业信息安全发展研究中心整理。

（二）中小企业发展规模快速增长

党的十八大以来，我国延续鼓励、引导、支持非公有制经济良性发展的政策，持续激发与释放民营企业的发展活力。根据国家市场监督管理总局在 2024 年 2 月新闻发布会上的公开数据，2023 年我国经营主体持续提质扩容，全年新设企业 1002.9 万户，其中近 700 万户的增长来源于民营企业，截至 2023 年底，我国民营企业超过 5300 万户，占企业总量的 92% 以上，2019~2023 年增加近 2000 万户（见图 4），其中中小微企业数量已超 5200 万户。

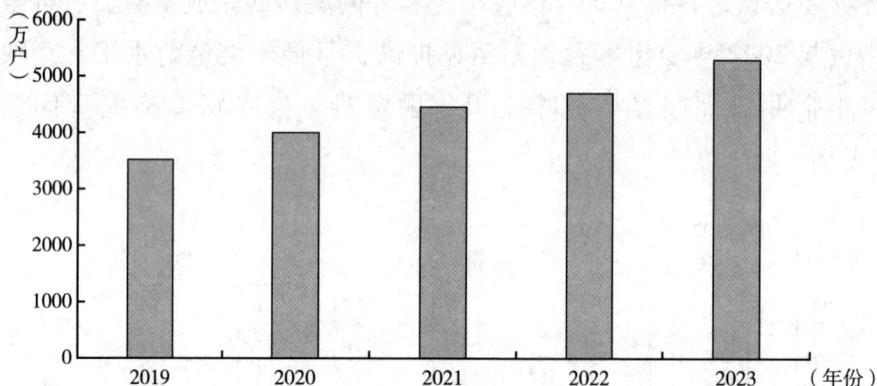

图 4　2019~2023 年我国民营企业数量

资料来源：国家市场监督管理总局，国家工业信息安全发展研究中心整理。

优质中小企业增长明显，中小企业发展质量稳步提升。2023 年国家对专精特新企业的支持和培育工作已上升至国家战略高度，对中小企业支持力度进一步加大，工业和信息化部深入实施数字化赋能、科技成果赋能、质量标准赋能 "三赋" 专项行动，梯度培育工作取得积极成效，专精特新企业不断提质扩容。截至 2023 年 7 月，已分五批累计培育超 1.2 万家专精特新 "小巨人" 企业，全国范围认定专精特新中小企业超 9.8 万家，入库培育创新型中小企业超 21.5 万家。

（三）中小企业营运小幅回暖

2023 年是全面贯彻党的二十大精神的开局之年，是新冠疫情防控转段后经济恢复发展的一年，我国完整、准确、全面贯彻新发展理念，加快构建新发展格局，着力推动高质量发展，着力扩大内需、优化结构、提振信心、防范化解风险，国民经济回升向好，高质量发展扎实推进，但也要注意到我国经济内循环堵点尚存，中小企业仍面临一些困境。

中小企业由于经济实力、抗风险能力都比较弱，往往饱受不平等合同条款、拖欠账款之苦，2023年我国开展清欠专项行动以来，中小企业回款压力明显减轻，但在历史上仍处高位。根据国家统计局数据，截至2023年末，私营工业企业应收账款余额达90362.8亿元，同比增长9.4%，同比增速为2020年来最低（见图5），而应收账款平均回收期为61.8天，为2020年来最高（见图6）。

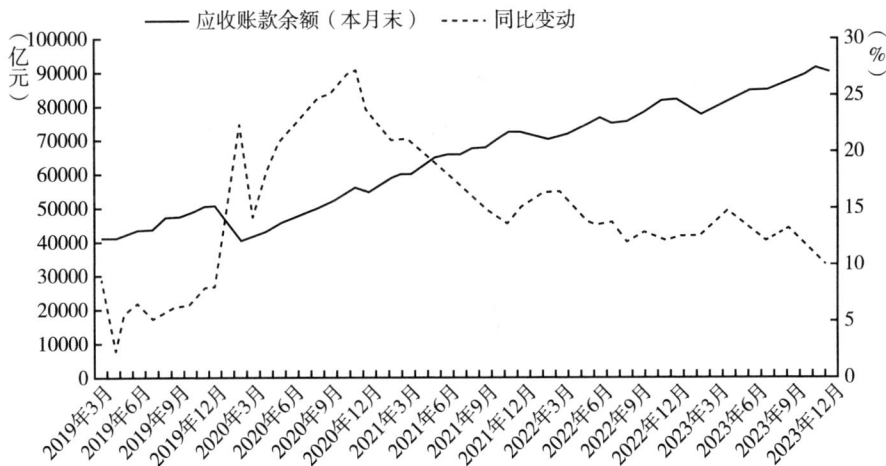

图5　我国私营工业企业应收账款余额及同比变动

资料来源：国家统计局，国家工业信息安全发展研究中心整理。

此外，中小企业由于自身业务技术含量不高，在产业链中地位较低，对于上游原材料价格和下游用户议价较为敏感，在经济内生增长

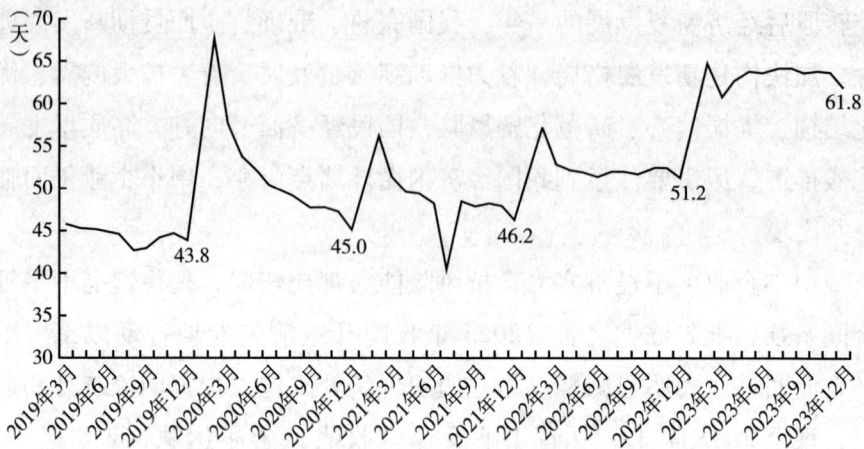

图6　我国私营工业企业应收账款平均回收期

资料来源：国家统计局，国家工业信息安全发展研究中心整理。

动力较弱的时候出现"增收不增利"的情况。根据国家统计局的数据，2022年以来，我国经济面临需求收缩、供给冲击、预期转弱三重压力，私营工业企业利润总额同比增速一直低于营业收入同比增速，但2023年全年利润总额同比增速（2.0%）已超过营业收入同比增速（0.6%）（见图7）。

（四）中小企业数字化转型开启新征程

2023年，工业和信息化部发布中小企业数字化赋能专项行动方案、《中小企业数字化水平评测指标（2022年版）》及《中小企业数字化转型指南》等一系列文件，推动中小企业数字化转型试点工作，遴选近百家数字化服务商，覆盖38个细分行业，推动2000余家中小企业开展数字化改造。30个城市被纳入第一批数字化转型城市试点范围。20余个省份制定了中小企业数字化转型相关政策及配套措施，多地政府持续加大政策支持力度，培育一批小快轻准数字化技术产品和服务，形成一批为中小企业量身定制的典型模式和解决方

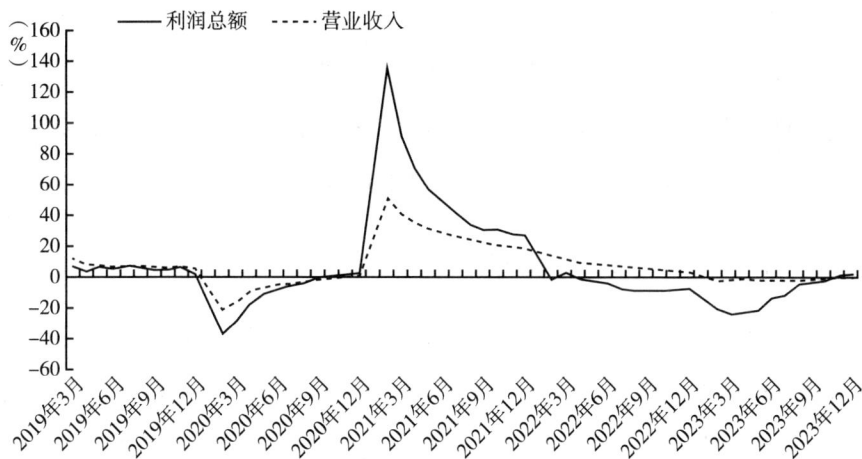

图7 我国私营工业企业利润总额及营业收入同比变动

资料来源：国家统计局，国家工业信息安全发展研究中心整理。

案，涌现一批各具特色的典型做法，中小企业数字化转型服务供给能力持续提升。

根据中国工业互联网研究院发布的《中小企业数字化转型发展报告（2023年）》[①]，我国中小企业数字化转型呈现三个特点。一是整体水平稳步提升。超七成企业数字化转型进入局部优化及以上阶段，半数以上关键业务生产过程实现可视化和精益管理的企业占比已超过60%，中小企业开展数字化转型的主观意愿、基础条件、能力水平持续向好。二是部分行业率先突破。轻工业、石油化工、建材、机械、有色、钢铁和食品等传统产业的中小企业数字化转型处于相对领先水平。其中，离散行业转型程度略高于流程行业。流程行业中石化、钢铁、有色的数字化转型水平位居前三。工业机器人、信息技术等中小企业数字化水平较高。三是专精特新优势明显。专精特新中小

---

① 中国工业互联网研究院：《中小企业数字化转型发展报告（2023年）》，2023年11月。

企业数字化转型进入局部优化及以上阶段的占比接近80%，高于全国中小企业平均水平。专精特新"小巨人"企业在转型深度和广度上均有明显领先优势，特别是在研发设计、质量管控、产品服务等重点环节，数字化水平显著高于其他中小企业。

（五）中小企业融资服务体系不断完善

中小企业是建设现代化经济体系、推动经济实现高质量发展的重要基础，在支撑就业、稳定增长、改善民生等方面发挥着重要作用。但一直以来，由于经营稳定性较差、抗风险能力较弱，中小企业融资始终是个"老大难"问题。2023年我国加快完善金融服务体系，纾解中小企业融资压力，加大信贷投放、保险保障力度，拓宽直接融资渠道，提高小微企业服务覆盖面、可得性、便利度，引导金融机构建立完善可持续的服务模式。从普惠金融来看，国家金融监管总局发布的数据显示，截至2023年末，银行业金融机构用于小微企业的贷款（包括小微型企业贷款、个体工商户贷款和小微企业主贷款）余额为70.9万亿元，其中，单户授信总额1000万元及以下的普惠型小微企业贷款余额为29.1万亿元，同比增长23.3%。[①]

（六）中小企业国际合作持续深化

2023年，俄乌冲突、红海航线等地缘政治冲突风险持续升级，一些国家和地区保护主义和单边主义盛行。在外部环境日趋严峻的背景下，我国中小企业国际化发展依然稳步向前，部分领域的国际合作取得新进展。对外贸易方面，2023年我国中小企业回升向好，出口

---

① 中华人民共和国中央人民政府官网，2024年2月23日，https：//www.gov.cn/lianbo/bumen/202402/content_ 6933544. htm。

指数持续处于景气区间，以中小企业为主的民营企业外贸进出口总额达 22.36 万亿元，同比增长 6.3%，占进出口总值的 53.5%，占据半壁江山。多边机制方面，截至 2023 年末，我国在中小企业领域，已与德国、美国、日本、韩国以及中东国家建立 17 个双边和多边合作机制，覆盖亚、欧、美、非等大洲，深度对接 50 个国家和地区，为推进中小企业对外交流合作奠定了良好基础。2023 年 8 月，在美国西雅图召开的第 29 次亚太经合组织中小企业部长会议上，我国正式提出的促进中小企业发展的中国倡议，被成功写入《部长会议主席声明》，成为亚太地区共识。对外交流方面，工业和信息化部牵头，联合金融机构开展中小企业"跨境撮合"服务，截至 2023 年上半年，已在全球以线上线下方式举办 550 余场跨境撮合对接会，帮助超 8 万家中外中小企业拓展市场。成功举办第 18 届中国国际中小企业博览会，参展企业超过 2000 家，展位总数超过 3600 个。线下进场参观、洽谈和采购超 10 万人次，展会论坛线上观众累计超过 135 万人次。[①] 共达成直接采购、融资、产业链协作、业务合作和投资意向金额超百亿元。

（七）积极建设中小企业政策法规体系

2023 年，党中央、国务院、各部委及各地方政府持续出台了一系列中小企业相关促进政策，从金融财税、科技创新、发展规划、权益保护、营商环境等五个方面激发中小企业发展活力，维护中小企业合法权益，改善中小企业经营环境，促进中小企业健康发展。

金融财税方面，财政部、国家税务总局等出台系列政策，推动

---

① 工业和信息化部官网，2023 年 6 月 15 日，https：//www.miit.gov.cn/xwdt/gxdt/ldhd/art/2023/art_ fffb8808dc51479b8dbd0630dc662a64.html。

中小企业普惠金融发展，从减税降费、保障融资需求、降低融资成本等方面加大中小企业金融支持力度。科技创新方面，工业和信息化部、国家发展和改革委员会等联合发布《科技成果赋智中小企业专项行动（2023—2025年）》，提升中小企业科技创新能力，持续增强中小企业核心竞争力。发展规划方面，工业和信息化部等部门多次发文，提出要提高中小企业产业链供应链韧性和安全水平，推进新型工业化、加快制造强国建设。权益保护方面，我国从推进政府诚信建设、维护市场公平竞争两个角度出台政策和法规文件，为民营经济发展创造良好环境。营商环境方面，我国加快优化稳定公平透明可预期的发展环境，激发民营经济生机活力，提升中小企业公共服务普惠化、便利化、精准化水平，以高质量服务助力中小企业高质量发展。

二　中小企业发展挑战和机遇并存

2023年，新一轮科技革命深入发展，我国积极构建经济内外双循环体系，带动经济新一轮增长，这也给中小企业带来了新的挑战和机遇。

（一）面临的机遇

一是数字化转型。随着信息技术的快速发展，中小企业可以利用数字化工具提高内部运营效率，拓展市场，提升客户服务和产品质量，增强企业的竞争力。随着数字化试点城市等工作的开展，按照"评估—规划—实施—优化"的逻辑闭环，开展数字化评估、推进管理数字化、开展业务数字化、优化数字化实践，确实科学高效地开展数字化转型。中小企业数字化转型进程进一步加快，通过加强转型引导、推广试点应用、完善配套服务、优化发展环境、政府引导融入数字化生态等政策，帮助中小企业减轻转型投入负担，分担转型风险，激发企业转型动能和积极性。根据中国工业互联网研究院发布的《中小企业数字化转型发展报告（2023年）》①，我国在中小企业数字化转型的实践探索研究中，已总结出"点、线、面、体"数字化转型的宏观路径，包括单点转型、链式转型、集群转型、园区转型，深化 IT 与 OT 融合，实现中小企业的降本、提质、增效、绿色、安全。

二是专精特新。在《"十四五"促进中小企业发展规划》中，将优质中小企业培育工程列为九大工程之首。坚持专精特新发展道路，是中小企业快速成长的必由之路，培育专精特新企业是国家重要的发展战略，也是贯彻大中小企业融通发展的重要举措，从创新型中小企业，逐步发展到专精特新中小企业、专精特新"小巨人"企业，再到制造业单项冠军企业，实现生产技术和工艺国际领先，单项产品市场占有率居国内或全球前列。

具体来看，2023年从四个方面为中小企业专精特新的发展创造了机遇。包括深度聚焦细分领域，围绕国家重点发展的产业领域，通过深入钻研核心技术，不断创新与突破，聚焦特定的客户回归市场本质；坚持技术研发创新，加强企业内部资源利用，强调客户需求，以客户价值为中心，将自有技术融入应用场景，为客户赋能，构建核心技术知识产权矩阵；推进信息化精细化，明确专精特新企业数字化能力相关要求——具有精细化的管理流程以及相应的信息化管理能力；配置政策研究人才和对接人员，充分了解中央和各地政府在市场开拓、资金扶持、融资渠道、科技创新、人才引育等方面的政策措施。

三是绿色化、低碳化发展。在当前建设美丽中国、推动绿色发展的关键时期，民营企业作为经济社会生活的重要参与者，是建设现代

---

① 中国工业互联网研究院：《中小企业数字化转型发展报告（2023年）》，2023年11月。

化经济体系的重要力量，在推动经济社会绿色化、低碳化发展中地位不可替代、作用不可或缺。中华全国工商业联合会的《中国民营企业绿色发展报告（2023）》[①] 指出，民营企业不断增强绿色发展意识，持续加大节能环保投入，不断健全环境管理制度，加快改造提升传统产能，充分发挥绿色技术创新主体作用。受国内外大环境和疫情影响，在企业生产效益尚未完全恢复背景下，工业企业尤其是高耗能企业绿色低碳转型的动力仍然较强，行业绿色低碳发展态势显著。超过七成的企业引入第三方治理服务、主动做好废弃产品回收处理并节约运输成本、进驻工业园区并开展自动在线监测，其中大部分高耗能行业中的重点排污单位企业按规定安装自动在线监控仪器；超过五成的工业园区企业产业类型属于同类型或上下游产业，可以共享环境基础设施或实现行业绿色循环发展。

（二）面临的挑战

一是全球不稳定因素增加，给中小企业发展带来诸多挑战。国际货币基金组织指出，大宗商品价格飙升和中东地缘政治波动导致的供应链问题为全球经济带来了新的风险，全球经济增长率将从 2022 年的 3.5% 下调至 2023 年的 2.9% 和 2024 年的 3.1%[②]，处于历史最低水平，企业开拓海外市场难度持续加大。同时通货膨胀率处于高位，预计 2024 年全球通胀率为 5.8%，2025 年为 4.4%，2023 年 6 月以来，OPEC+（石油输出国组织加上部分非成员国）延长了减产，加上俄乌冲突升级以及地缘经济碎片化，关键矿物、农副食品等大宗商品价格在部分地区急剧增长，导致企业生产成本增加，中小企业融资压力将继续增大，这也将导致企业用工短缺问题加剧，对企业生产效

[①] 中华全国工商业联合会：《中国民营企业绿色发展报告（2023）》，2023 年 12 月。
[②] 国际货币基金组织：《世界经济展望》，2024 年 1 月。

率造成负面影响。新的国际形势和经济环境，对我国打通国内循环、激发国内中小企业市场活力提出了更高的要求。

二是金融支持仍然不足。中小企业普遍面临的融资难和融资贵的问题长期存在，需要积极寻找多元化的融资渠道，例如风险投资、众筹和股权融资等，同时也需要加强财务管理和风险控制。中国人民银行等八部门印发的《关于强化金融支持举措　助力民营经济发展壮大的通知》① 明确了金融服务民营企业目标和重点，将加大对科技创新、专精特新、绿色低碳、产业基础再造工程等重点领域以及民营中小微企业的支持力度，着力畅通信贷、债券、股权等多元化融资渠道。目前我国已有部分城市和地区开展中小企业金融服务创新基地工作，而与全面覆盖仍有一定距离。此外，当前全国失信被执行人数量快速增长，截至 2023 年末，中国失信执行网公布的失信被执行人超831 万②，大型企业信用风险正波及中小企业，流动性风险和信用风险相互交叉，影响中小企业投融资。根据国家统计局数据，2023 年全年，私营工业企业固定资产投资同比增速全年维持在负增长区间（见图 8）。

三是大中小企业融通创新仍存在诸多堵点。首先是大企业侵害中小企业行为仍然频发，当前企业生产成本压力不断增大，大型企业设置极高的准入门槛，对中小企业产品和服务进行压价，拖欠中小企业账款等问题仍较多，"边清边欠"现象仍有发生，削弱了大中小企业之间的信任。其次是大企业对中小企业创新发展支持意愿较低，部分大企业出于保护自身商业秘密的考虑，不愿对中小企业开放相关的创新资源，尤其是在数字化转型中，导致中小企业较难从融通发展中提

---

① 中国人民银行、国家金融监管总局、中国证监会、国家外汇局、国家发展改革委、工业和信息化部、财政部、全国工商联：《关于强化金融支持举措　助力民营经济发展壮大的通知》，2023 年 11 月。

② 中国执行信息公开网，http://zxgk.court.gov.cn/index.jsp。

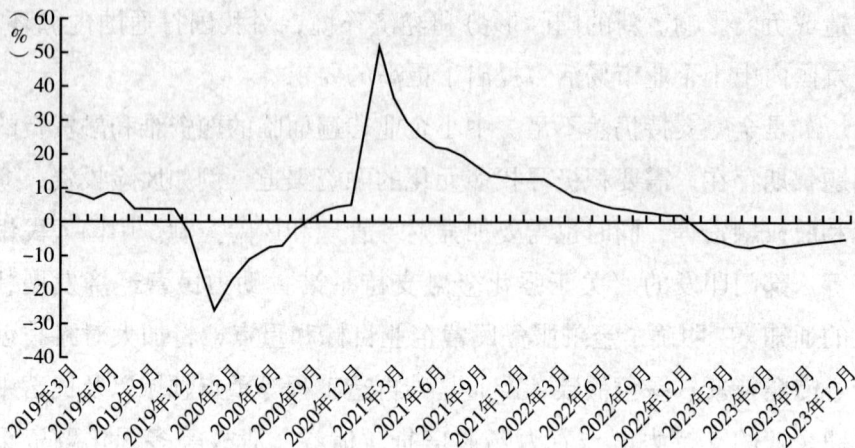

图8 我国私营工业企业固定资产投资同比增速

资料来源：国家统计局，国家工业信息安全发展研究中心整理。

高创新能力。此外，中小企业与大企业的数字化鸿沟也加大了中小企业融通发展成本，中小企业在人才、资金、技术等方面处于劣势，整体数字化转型水平存在差距，较难与大企业在创新方面协同共进。

三　多措并举助力中小企业高质量发展

民营经济是推进中国式现代化的生力军，是高质量发展的重要基础，是推动我国全面建成社会主义现代化强国，实现第二个百年奋斗目标的重要力量。党的十八大以来，以习近平同志为核心的党中央高度重视民营经济发展，多次重申坚持基本经济制度，坚持"两个毫不动摇"。党的十八届三中全会提出，公有制经济和非公有制经济都是社会主义市场经济的重要组成部分，都是我国经济社会发展的重要基础，必须毫不动摇鼓励、支持、引导非公有制经济发展，激发非公有制经济活力和创造力。以中小企业为代表的民营经济营商环境逐渐优化，经济活力快速释放。

2023 年 1 月 11 日，国务院促进中小企业发展工作领导小组办公室印发《助力中小微企业稳增长调结构强能力若干措施》，立足于"纾困和服务两手抓，调结构和强能力并行推"，从进一步推动稳增长稳预期、着力促进中小微企业调结构强能力两方面，共提出 15 项具体举措，奠定 2023 年全年中小企业发展总基调。此外，7 月 19 日，中共中央、国务院发布《关于促进民营经济发展壮大的意见》，进一步提出持续优化民营经济发展环境、加大对民营经济政策支持力度、强化民营经济发展法治保障、着力推动民营经济实现高质量发展、促进民营经济人士健康成长、持续营造关心促进民营经济发展壮大社会氛围等意见，多措并举助推中小企业高质量发展。

（一）强化中小企业法治保障

一是完善监管执法体系。加强监管标准化规范化建设，依法公开监管标准和规则，增强监管制度和政策的稳定性、可预期性。提高监管公平性、规范性、简约性，杜绝选择性执法和让企业"自证清白"式监管。

二是持续完善知识产权保护体系。加大对民营中小微企业原始创新保护力度。严格落实知识产权侵权惩罚性赔偿、行为保全等制度。加大对侵犯知识产权违法犯罪行为的刑事打击力度。完善海外知识产权纠纷应对指导机制。

三是构建民营企业源头防范和治理腐败的体制机制。出台司法解释，依法加大对民营企业工作人员职务侵占、挪用资金、受贿等腐败行为的惩处力度。强化民营企业腐败源头治理，引导民营企业建立严格的审计监督体系和财会制度。

四是加快修订《保障中小企业款项支付条例》工作，针对政府、事业单位、大型企业拖欠中小企业账款问题建立长效机制。

（二）加强中小企业融资支持

一是培育多层次金融市场，构建生态体系。通过更加精准的风险画像遴选优质中小微企业重点支持，积极建设信用分层市场，可为高风险高收益资金的供给方和需求方提供资金融通平台，培育高收益债券等高风险金融资产的合格投资者，填补市场空缺，并提高投资者准入门槛、落实投资者认定细则、组建投资者自律协会、完善投资者保护机制等。

二是利用中小企业发展专项资金，以中央财政为依托，支持国家级专精特新"小巨人"企业的发展，继续强化一次性奖补、创新券、专项资金、项目补贴等财政和税收支持，完善专精特新企业上市、发行债券、融资租赁、保险保障等多方面的金融支持。

三是采用多种手段向民营中小微企业增信，并且在金融监管政策和从业人员考核方面给予支持引导。民营中小微企业可以活化其在政府项目中的应收账款以及其他可能的反担保资源，并通过政府或国有基金支持的中小民营企业贷款担保基金和信用保险基金、核心国企或大型民企支持的供应链金融等的信用增进措施，来缓解信用不足问题，进而有效降低融资成本，增强其融资的可获得性。

四是持续推进"一月一链"投融资路演活动，聚焦链上专精特新中小企业股权融资需求，搭建企业与投资机构双向交流对接平台，引导资本、人才、技术等创新要素向专精特新中小企业集聚，厚植中小企业创新发展土壤。

（三）优化中小企业营商环境

一是从法治建设方面完善营商环境，深入落实《中小企业促进法》，推动出台配套法规；推动出台《助力中小微企业稳增长调结构强能力若干措施》等一系列政策。

二是全面落实公平竞争政策制度。强化竞争政策基础地位，健全公平竞争制度框架和政策实施机制，坚持对各类所有制企业一视同仁、平等对待。定期推出市场干预行为负面清单，及时清理废除含有地方保护、市场分割、指定交易等妨碍统一市场和公平竞争的政策。

三是持续破除市场准入壁垒，清理规范行政审批、许可、备案等政务服务事项的前置条件和审批标准，不得将政务服务事项转为中介服务事项，没有法律法规依据不得在政务服务前要求企业自行检测、检验、认证、鉴定、公证或提供证明，开展市场准入效能评估，建立市场准入壁垒投诉和处理回应机制。

四是完善社会信用激励约束机制，完善信用信息记录和共享体系，全面推广信用承诺制度，将承诺和履约信息纳入信用记录；发挥信用激励机制作用，提升信用良好企业获得感；完善信用约束机制，依法依规按照失信惩戒措施清单对责任主体实施惩戒；完善政府诚信履约机制，建立健全政务失信记录和惩戒制度，将机关、事业单位的违约毁约、拖欠账款、拒不履行司法裁判等失信信息纳入全国信用信息共享平台。

五是完善市场化重整机制，鼓励民营企业盘活存量资产回收资金；坚持精准识别、分类施策，对陷入财务困境但仍具有发展前景和挽救价值的企业，按照市场化、法治化原则，积极适用破产重整、破产和解程序；优化个体工商户转企业相关政策，降低转换成本。

（四）强化中小企业人才需求保障

一是畅通人才向民营企业流动渠道，健全人事管理、档案管理、社会保障等接续的政策机制，完善中小微企业用工专员服务机制，建立重点缺工中小微企业清单。

二是建立行业或企业自主评聘高技能人才体系，在国家职业技能鉴定五个等级划分基础上，允许行业或企业自行建立技能等级晋升评聘机制，评聘后人社部门给予颁证认可，受聘后由企业为高技能人才落实相关待遇和薪酬。

三是搭建民营企业、个体工商户用工和劳动者求职信息对接平台，加强平台服务精准化，克服供需不匹配现象；实行人力资源服务机构平台服务中小微企业用工奖补，鼓励人力资源服务机构帮助中小微企业解决用工问题。

四是加强灵活就业和新就业形态劳动者权益保障，发挥平台企业在扩大就业方面的作用，推进民营经济产业工人队伍建设。

五是大力推进校企合作、产教融合，以需求为导向，与教育主管部门和有关高职院校沟通，互通信息，将课堂搬到企业一线和车间，开展实训实践教学，实现课堂与一线生产零距离。

（五）提升中小企业科技创新能力

一是落实《专利产业化促进中小企业成长计划实施方案》[①]，围绕中小企业创新发展需求，完善专利转化运用服务链条，大力推动专利密集型产业快速发展。

二是深度推进"三赋"专项行动，包括科技成果赋智中小企业专项行动、质量标准品牌赋值中小企业专项行动、数字化转型赋能中小企业专项行动，助力中小企业走专精特新发展道路，提升创新能力和专业化水平。

三是鼓励民营企业根据国家战略需要和行业发展趋势，持续加大研发投入，开展关键核心技术攻关，按规定积极承担国家重大科技项目；培育一批关键行业民营科技领军企业、专精特新中小企业和创新

---

① 国家知识产权局、工业和信息化部、中国人民银行、国家金融监督管理总局、中国证监会：《专利产业化促进中小企业成长计划实施方案》，2024 年 2 月。

能力强的中小企业特色产业集群。

四是加大政府采购创新产品力度，发挥首台（套）保险补偿机制作用，支持民营企业创新产品迭代应用；推动不同所有制企业、大中小企业融通创新，开展共性技术联合攻关；完善高等学校、科研院所管理制度和成果转化机制，调动其支持民营中小微企业创新发展积极性，支持民营企业与科研机构合作建立技术研发中心、产业研究院、中试熟化基地、工程研究中心、制造业创新中心等创新平台；支持民营企业加强基础性前沿性研究和成果转化。

（六）加快推动中小企业数字化转型

一是激发中小企业数字化转型内生动力，加强中小企业数字化转型宣传引导，宣传企业数字化转型相关政策、典型案例，增强中小企业数字化转型的信心和意愿；加大对中小企业管理者的数字化培训和引导力度，培育高层管理人才数字化素养，激发数字化变革创新的内在能动性。

二是优化中小企业数字化转型路径引导，深度开展中小企业数字化转型城市试点工作，鼓励以城市为单位推动中小企业数字化转型，启动中小企业数字化转型城市试点工作；开展中小企业数字化转型诊断，加强数字化转型第三方服务机构的建设，分行业、分类别引导中小企业开展数字化转型诊断，帮助中小企业降低数字化转型过程中的盲目性和不确定性，提高中小企业数字化转型的精准性和有效性；宣传推广中小企业数字化转型典型案例，培育推广中小企业数字化转型案例标杆，组织开展中小企业数字化转型典型案例、"链式"数字化转型典型案例遴选工作，编发典型案例集，加大对优秀数字化总承包商、典型产品、解决方案、应用场景以及企业样本等的宣传推广力度；打造中小企业数字化转型典型应用场景，支持各类数字化服务商根据细分行业共性，满足企业数字化车间、数字化工厂建设的共性需求；根据企业个性需求，打造企业个性化应用场景，满足企业不同规模、不同发展阶段需求。

三是强化中小企业数字化转型服务支撑，优化建设工业互联网平台，梯次培育企业级、行业级、区域级和跨行业、跨领域工业互联网平台，开发定制化工业 APP，为中小企业提供全流程服务，打造轻量级解决方案；培育数字化转型服务商。培育引进一批深耕行业、长期驻守的数字化服务商，支持数字化服务商通过优化人才结构、实施并购重组、创新商业模式等方式发展成为数字化总承包商。

四是打造中小企业数字化转型良好生态，提升数字基础设施支撑能力。加大工业互联网、人工智能、5G、大数据等新型基础设施建设力度，优化中小企业数字化转型外部环境；推动中小企业上云用云。引导数字化服务商面向中小企业推出云制造平台和云服务平台，支持中小企业设备上云和业务系统向云端迁移，帮助中小企业从云上获取资源和应用服务，满足中小企业研发设计、生产制造、经营管理、市场营销等业务系统云化需求。

（七）支持中小企业参与国家重大战略

一是支持民营企业到中西部和东北地区投资发展劳动密集型制造业、装备制造业和生态产业，促进革命老区、民族地区加快发展；投入边疆地区建设，推进兴边富民。

二是支持民营企业参与推进碳达峰碳中和，提供减碳技术和服务，加大可再生能源发电和储能等领域投资力度，参与碳排放权、用能权交易。

三是支持民营企业参与乡村振兴，推动新型农业经营主体和社会化服务组织发展现代种养业，高质量发展现代农产品加工业，因地制宜发展现代农业服务业，壮大休闲农业、乡村旅游业等特色产业，积极投身"万企兴万村"行动。

四是支持民营企业参与全面加强基础设施建设，引导民营资本参与新型城镇化、交通水利等重大工程和补短板领域建设。

（八）推动中小企业国际化发展

一是继续发挥中小微企业领域双多边合作机制的引领作用，加强政策研究和形势研判，深化中小微企业在国际产能和数字化转型等方面的交流与合作，推动中德、中欧、金砖国家、亚太经合组织、东盟与中日韩、中国中东欧国家等双多边合作机制走深走实。

二是加强部门协作，指导和帮助中小企业加强合规管理，防范和应对国际市场风险，维护中小企业在海外的合法权益，加强中小企业海外服务体系建设，支持商协会、中小企业服务机构与境外协会、科研机构等合作，提供专业的国际化发展服务，推动逐步形成健全的中小企业国际化发展服务网络体系。

三是深度打造中外中小企业合作区，制订中外中小企业合作区管理办法，支持现有合作区做大做强，持续推动新建一批合作区，充分发挥合作区市场对接、产能共享、技术合作、人才交流等方面的载体作用，使之成为中小企业"引进来""走出去"的便捷通道，促进区域经济发展、构建新发展格局的重要力量。

四是搭建对接交流平台，帮助中小企业开拓国际市场。进一步加强顶层设计、创新办展办会模式，办好中国国际中小企业博览会、APEC中小企业技术交流暨展览会、中德（欧）中小企业交流合作大会、中国—中东欧国家中小企业合作论坛等活动，推动更多优质资源向中小企业集聚，开展境内外中小企业供需对接，帮助中小企业开拓国际市场，切实为中小企业带来更多实惠。

政 策 篇

B.2
2023年国家及地方中小企业
相关政策概览

李文阳*

摘　要：　中小企业是国民经济和社会发展的重要组成部分，是提升产业链供应链稳定性和竞争力的关键环节，是推动创新、扩大就业、改善民生的重要力量。为了切实帮助中小企业转型升级、提质增效、减轻负担，支持中小企业可持续、平稳健康发展，国家和各地方政府出台了一系列中小企业发展支持政策，从金融财税、科技创新、发展规划、权益保护、营商环境等方面，为推动中小企业高质量发展，提供了良好的制度保障，为构建新发展格局打下坚实基础。

关键词：　中小企业　政策支持　营商环境

---

*　李文阳，国家工业信息安全发展研究中心保障技术所工程师，主要研究方向为中小企业专精特新发展、融资促进及国际化。

2023 年，全国市场主体总数达 1.7 亿户，企业数超 5200 万户，95%以上是中小企业。① 我国经济体制改革不断深化，全球经济一体化进程持续加快，创新型国家建设稳步推进以及经济发展方式加快转变，这给中小企业发展带来新的机遇与挑战。经历新冠疫情冲击，世界经济复苏乏力，保护主义、单边主义抬头，外部环境的复杂性、严峻性、不确定性上升。国外需求下滑和内需不足，周期性和结构性问题并存。各地中小企业发展面临双重压力及不同程度的影响。国家和地方高度重视中小企业发展，积极出台针对中小企业的惠企助企政策，不断加大对中小企业扶持力度，助力中小企业在关键要素缺乏、形势复杂多变环境下持续平稳健康发展。

一　国家及地方上下联动持续出台中小企业相关政策

一是为了激发中小企业发展活力，维护中小企业合法权益，改善中小企业经营环境，促进中小企业健康发展，国家积极出台相关政策。2023 年，党中央、国务院、国家各部委及各地方政府持续出台了一系列中小企业相关促进政策。截至 2023 年 12 月 31 日，国务院、国家发展改革委、财政部、工业和信息化部等 18 个部门共出台促进中小企业发展的相关政策 104 条（见图 1）。

二是政策发布所涉及的方面广泛。国家中小企业政策信息互联网发布平台数据显示，国家层面发布的 104 条政策从规范规划（60 条）、资金支持（7 条）、税费减免（18 条）、资质认定（1 条）、法规管制（6 条）及其他（12 条）等多方面对中小企业发展提出了具体举措与指导意见，助力中小企业平稳发展（见图 2）。

---

① 《我国市场主体达 1.7 亿户　更多支持举措可期》，《经济参考报》2023 年 2 月，https：//baijiahao. baidu. com/s? id＝1757868513882745796&wfr＝spider&for＝pc。

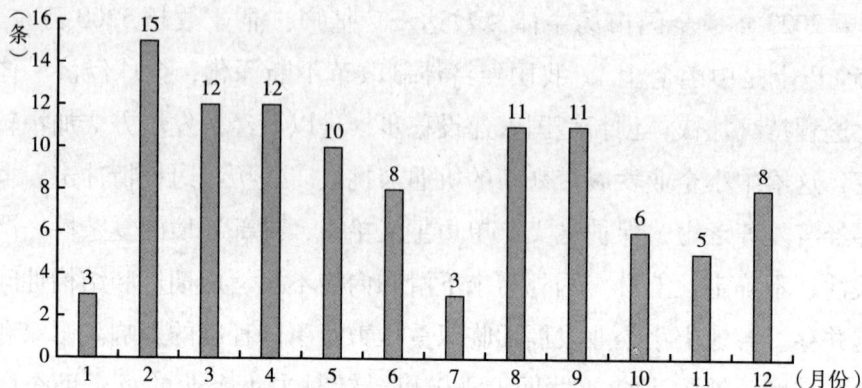

图1　2023年国家出台中小企业发展相关政策数量

资料来源：公开信息，国家工业信息发展研究中心统计整理，下同。

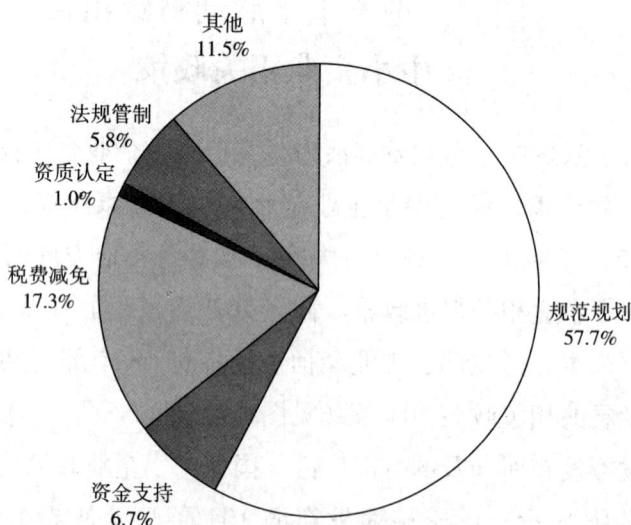

图2　国家支持中小企业发展政策分类

　　三是全国各地方政府根据国家政策指示精神，因地制宜精准施策，均出台了关于中小企业发展相关政策。国家中小企业政策信息互联网发布平台数据显示，截至2023年12月31日，全国31个省、自治区、直辖市共出台促进中小企业发展的政策 1005 条，从规范规划（767 条）、资金支持（108 条）、税费减免（25 条）、资质认定（66 条）、法规管制（9 条）及其他（30 条）（见图 3）等多方面对中小企业发展采取了可执行、重落地的方案及举措，帮助中小企业纾困解难，构建良好营商环境，推动中小企业高质量发展。

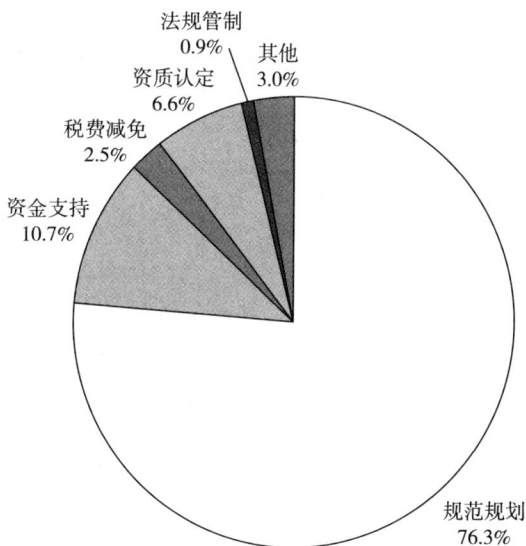

图 3　地方支持中小企业发展政策分类

二　国家典型中小企业政策

（一）金融财税方面

2023 年 1 月 11 日，国务院促进中小企业发展工作领导小组办公室发布了《关于印发助力中小微企业稳增长调结构强能力若干措施的通知》。该通知指出，加大对中小微企业的金融支持力度。用好支小再贷款、普惠小微贷款支持工具、科技创新再贷款等货币政策工具，持续引导金融机构增加对中小微企业信贷投放。推动金融机构增加小微企业首贷、信用贷、无还本续贷和中长期贷款，推广随借随还贷款模式，推动普惠型小微企业贷款增量扩面。促进产业链上中小微企业融资。选择部分具备条件的重点产业链、特色产业集群主导产业链，开展"一链一策一批"中小微企业融资促进行动，深化产融对接和信息共享，鼓励银行业金融机构在风险可控的前提下，制定专门授信方案，高效服务链上中小微企业，促进产业与金融良性循环。

2023 年 8 月 20 日，财政部发布《关于加强财税支持政策落实促进中小企业高质量发展的通知》，从减轻小微企业税费负担、保障中小企业融资需求、支持中小企业创新发展等方面提出重要举措。同时强调发挥政府性融资担保机构作用。发挥国家融资担保基金体系引领作用，稳定再担保业务规模，引导各级政府性融资担保机构加大对小微企业等经营主体的融资增信支持。推动政府性融资担保体系建设，优化银担"总对总"批量担保合作模式。推进融资担保业务数据标准化、规范化，强化银担、银企信息共享，引领体系内机构向数字化、智能化转型，提升财政金融服务小微企业质效。

2023 年 12 月 20 日，财政部、国家税务总局联合发布了《支持小微企业和个体工商户发展税费优惠政策指引（2.0）》，该指引涵盖减轻税费负担、推动普惠金融发展、支持创新创业、重点群体创业税收优惠等 4 方面 50 项税费优惠政策。同时提出，企业开展研发活动中实际发生的研发费用，未形成无形资产计入当期损益的，在按规定据实扣除的基础上，自 2023 年 1 月 1 日起，再按照实际发生额的100% 在税前加计扣除。

（二）科技创新方面

为提升中小企业科技创新能力，进一步提高科技成果转化和产业化水平，推动科技成果有效"赋智"中小企业，持续增强中小企业核心竞争力，带动更多中小企业走"专精特新"发展之路，2023年5月22日，工业和信息化部、国家发展改革委、教育部、科学技术部、人力资源和社会保障部等十部门联合发布了《科技成果赋智中小企业专项行动（2023—2025年）》，提出支持制造业创新中心、各类重点实验室、科技型骨干企业、新型研发机构等创新主体围绕产业转型升级和技术进步，加大产业关键共性技术研发和供给并向中小企业转移转化。增强以云计算、人工智能、虚拟现实、机器人、工业互联网等为代表的智能技术的供给及推广，支持中小企业实施智能制造与建造，通过智能化技术改造和"上云上平台"，加快中小企业数字化转型、智能化升级。推动高等院校、科研院所等向中小企业开放共享科研仪器、数字基础设施、中试基地、数据库等基础创新资源，支持各类先导区、示范区、产业基地、集群等共享测试验证能力，优化壮大开源社区，降低中小企业的创新成本。

（三）发展规划方面

为推动传统制造业转型升级，提高产业链供应链韧性和安全水平，推进新型工业化、加快制造强国建设，加快传统制造业转型升级，2023年12月28日，工业和信息化部、国家发展改革委等八部门联合发布了《工业和信息化部等八部门关于加快传统制造业转型升级的指导意见》。该意见提出，立足不同产业特点和差异化需求，加快人工智能、大数据、云计算、5G、物联网等信息技术与制造全过程、全要素深度融合。支持生产设备数字化改造，推广应用新型传感、先进控制等智能部件，加快推动智能装备和软件更新替代。以场景化方式推动数字化车间和智能工厂建设，探索智能设计、生产、管理、服务模式，树立一批数字化转型的典型标杆。加快推动中小企业数字化转型，推动智改数转网联在中小企业先行先试。

为充分发挥数据要素乘数效应，赋能实体经济，发展新质生产力，推进数据要素协同优化、复用增效、充分实现数据要素价值，2023 年 12 月 31 日，国家数据局、中央网信办、科技部、工业和信息化部、交通运输部等十七部门联合发布《"数据要素×"三年行动计划（2024—2026 年）》，提出推动协同制造，推进产品主数据标准生态系统建设，支持链主企业打通供应链上下游设计、计划、质量、物流等数据，实现敏捷柔性协同制造。提升服务能力，支持企业整合设计、生产、运行数据，提升预测性维护和增值服务等能力，实现价值链延伸。强化区域联动，支持产能、采购、库存、物流数据流通，加强区域间制造资源协同，促进区域产业优势互补，提升产业链供应链监测预警能力。

（四）权益保护方面

为了加快营造市场化、法治化、国际化一流营商环境，优化民营经济发展环境，使各种所有制经济依法平等使用生产要素、公平参与市场竞争、同等受到法律保护，2023 年 7 月 14 日，国务院发布了《中共中央　国务院关于促进民营经济发展壮大的意见》，提出完善拖欠账款常态化预防和清理机制。严格执行《保障中小企业款项支付条例》，健全防范化解拖欠中小企业账款长效机制，依法依规加大对责任人的问责处罚力度。机关、事业单位和大型企业不得以内部人员变更、履行内部付款流程，或在合同未做约定情况下以等待竣工验收批复、决算审计等为由，拒绝或延迟支付中小企业和个体工商户款项。

为深入推进政府诚信建设，为民营经济发展创造良好环境，2023年 8 月 5 日，国家发展改革委发布了《关于完善政府诚信履约机制优化民营经济发展环境的通知》，提出畅通违约失信投诉渠道，各省级社会信用体系建设牵头部门要依托本级信用网站、国务院"互联网+

督查"平台、工信部门"违约拖欠中小企业款项登记（投诉）平台"、本地 12345 政务服务热线、营商环境投诉举报平台、信访部门等渠道建立或完善违约失信投诉专栏，受理、归集本辖区涉及政府部门（含机关和事业单位）的违约失信投诉。违约失信范围包括政府部门在政府采购、招标投标、招商引资、政府与社会资本合作、产业扶持、政府投资等领域与民营企业签订的各类协议、合同中的违约毁约行为。支持各地探索依托本级信用信息共享平台和信用网站建立合同履约信用监管专栏，归集辖区内政府部门与民营企业签订的相关协议与合同，定期跟踪履约情况。

（五）营商环境方面

为持续优化稳定公平透明可预期的发展环境，充分激发民营经济生机活力，2023 年 9 月 15 日，国家市场监管总局发布了《市场监管部门促进民营经济发展的若干举措》，提出完善信用信息归集共享公示体系，将承诺和履约信息纳入信用记录。深入推进企业信用风险分类管理。优化完善企业信用风险分类指标体系，推动分类结果在"双随机、一公开"监管中常态化运用，对信用风险低的 A 类企业，合理降低抽查比例和频次，不断提高分类的科学性和精准性。开展信用提升行动，全面推广信用承诺制度，围绕构建信用承诺、守诺核查、失信惩戒、信用修复闭环管理体系，便利经营主体以承诺方式取得许可或者修复信用。

为完善服务机制，汇聚服务资源，创新服务方式，增强服务能力，加强服务协同，推动中小企业公共服务增量扩面、提质增效，提升中小企业公共服务普惠化、便利化、精准化水平，以高质量服务助力中小企业高质量发展，2023 年 11 月 10 日，工业和信息化部发布了《关于健全中小企业公共服务体系的指导意见》，提出充分运用大数据、云计算、人工智能等技术，建立贯通国家、省、市、县各级中小企业公共服务机构的全国中小企业服务"一张网",与政务服务平台加强互联互通,为中小企业提供"一站式"服务。广泛汇聚中小企业政策和服务等信息,创新云上服务、掌上服务、自助服务、智能服务等新模式,努力实现企业与服务的精准适配,推动服务模式从单向供给转向双向互动、从线下转向线上线下融合,提升协同服务、精准服务、智能服务能力。

三 地方典型中小企业政策

(一)金融财税方面

为深化金融供给侧结构性改革,推进普惠金融高质量发展,提升服务实体经济能力,2023年12月13日,黑龙江省人民政府发布了《黑龙江省推进普惠金融高质量发展实施方案》,提出进一步加大绿色信贷投入。为小微企业、农业企业、农户技术升级改造和污染治理等生产经营方式的绿色转型提供更加高效的信贷服务。开发性政策性银行机构要按照市场化法治化原则,为实现碳达峰、碳中和提供长期稳定融资支持。探索开发符合小微企业经营特点的绿色金融产品,支持银行机构与生态环境部门、自然资源交易部门对接合作,探索开发基于碳排放权、排污权、用能权、绿色项目收费权等环境权益的新型抵质押融资模式。

为加快推进企业上市,提高直接融资比重,2023年2月11日,河北省人民政府办公厅发布了《关于印发河北省企业上市行动方案的通知》,提出建立各级产业投资引导基金与入库企业名单双向推送机制,鼓励各级产业投资引导基金对入库企业进行筛选并开展前期尽调,在依法依规和风险可控的前提下,逐步增加基金投资额用于对入库企业开展股权投资。支持入库企业发债,在河北股权交易所发行中小企业可转债的，通过增加信用担保、加强信息披露等方式，引导债权人逐步降低票面利率。

为全力支持实体经济发展，降低经营主体运营成本，缓解中小企业税费负担，2023年9月15日，山西省人民政府办公厅发布了《关于印发山西省全力稳增长推动经济持续回升向好若干措施的通知》，提出开展水电气暖领域涉企收费专项整治行动，清理规范水电气暖领域涉企收费行为，取消不合理收费，规范政府定价和经营者价格收费行为。供水供电供气供暖企业要主动帮助暂时经营困难企业，制订错峰避峰计划方案，支持各类市场主体通过电 e 贷、电 e 票等利息低、放款快的专项金融产品，缓解资金周转压力。持续推动基础电信企业面向中小微企业开展精准降费。

（二）科技创新方面

为打造最优创新生态，激发企业科技创新活力，推动企业成为从技术创新决策、研发投入、科研组织到成果转化全链条创新的主导力量，2023年11月14日，浙江省科学技术厅、浙江省发展改革委、浙江省经济和信息化厅等九部门联合发布了《关于强化企业科技创新主体地位 加快科技企业高质量发展的实施意见（2023—2027年）》，提出实施"两清零一提升"专项行动2.0版，在更大范围推动制造业企业建设研发机构、开展研发活动，促进企业实现高新化、专精特新化发展，力争全省3亿元以上制造业企业无研发机构清零，5000万元以上制造业企业无研发活动清零，规上制造业企业研发活动覆盖率提升到80%左右。支持企业引进培育高水平创新型人才，加强人才计划支持，在申报资格条件上根据企业人才特点予以适当倾斜，探索省级高层次人才计划，适当放宽企业人才年龄限制。支持企业引进的急需人才纳入省级高层次人才"编制池"，对于省高层次人才科技创新领军人才，从事工程相关工作的，可按程序认定为浙江省卓越工程师培育支持对象。

为持续推动企业梯度培育，助力专精特新企业高质量发展，推动更多中小企业走"专精特新"发展之路，2023年6月13日，北京市经济和信息化局发布了《关于实施十大强企行动激发专精特新企业活力的若干措施》，提出实施"创新领航"行动。支持专精特新企业申报北京市企业技术中心，非建筑业企业以上年度主营业务收入作为申报条件的可放宽至不少于1亿元。支持专精特新企业加大技术产品创新和首制首试首用，给予集成电路"首流片"、新材料"首批次"、医药"首试产"、信创"首方案"等奖励支持，单个企业最高支持3000万元。

为提升政策供给和创新服务能级，更大力度激发各类创新主体活力，以关键点的突破引领科技体制改革向纵深推进，2023年4月3日，上海市人民政府办公厅发布了《关于本市进一步放权松绑 激发科技创新活力的若干意见》，提出增强科技型中小企业研发能力，加快培育一批研发能力强、技术水平高、科技人才密集、能够形成核心技术产品等"四科"（即每个科技企业要拥有关键核心技术的科技产品、科技人员占比大于60%、以高价值知识产权为代表的科技成果超过5项、研发投入强度高于6%）特征明显的科技型中小企业。鼓励各区通过科技型中小企业技术创新资金配套资助等方式，支持科技型中小企业提升研发能力。

为进一步推动数据要素产业发展，提升数字经济质量，激发各类企业创数用数活力，2023年7月22日，上海市人民政府办公厅发布了《立足数字经济新赛道推动数据要素产业创新发展行动方案（2023—2025年）》，提出强化数据赋能中小企业数字化转型，发挥上海市企业服务云作用，支持数商丰富数据产品，支持公共部门、国有企业等加大对中小企业数据产品和服务采购力度。引导互联网平台企业、行业龙头企业与中小微企业双向公平授权，建立科学合理收益分配机制。

（三）发展规划方面

为加强全面质量管理，促进质量变革创新，着力提升产品、工程、服务质量，着力增强产业质量竞争力，2023年4月27日，中共北京市委、北京市人民政府发布了《关于贯彻落实〈质量强国建设纲要〉的意见》，提出强化企业创新主体地位，引导企业加大质量技术创新投入，鼓励企业建设质量技术创新中心，推进先进质量技术研发应用。支持领军企业整合质量技术创新资源，通过组建质量技术创新联合体、产业技术创新联盟等组织，协同开展技术标准创制、共性技术攻关。鼓励中小微企业深耕行业领域做精做专，提升质量技术创新能力，打造独树一帜的品质冠军。

为推进数字技术与实体经济深度融合，培育新产业新业态新模式新就业，推动自治区数字经济高质量发展，2023年10月10日，内蒙古自治区人民政府办公厅发布了《自治区推动数字经济高质量发展工作方案（2023—2025年）》，提出推进全国一体化算力网络内蒙古枢纽节点建设，推动电信、移动等企业数据中心扩容扩规，引进国家部委、行业或标志性企业数据中心、灾备中心，满足东数西算、东数西存、东数西训等场景算力需求。到2025年，集群建成的数据中心服务器装机能力突破500万台，智能算力突破8000PFlop/s，国产化算力占比达50%以上。为加强数字基础设施建设，协同推进数字产业化和产业数字化，加快推动数字技术驱动生产方式和企业形态根本性变革，让更多企业插上智能化翅膀，着力提升企业生产效率和产业竞争力，2023年3月6日，湖南省人民政府办公厅转发省工业和信息化厅《湖南省"智赋万企"行动方案（2023—2025年）》，提出大力推动中小企业数字化改造，支持中小企业从数字化转型需求迫切的环节入手，加快推进线上营销、远程协作、数字化办公、智能生产线等应用。支持数字化转型服务商聚焦中小企业转型痛点难点，提供

"小快轻准"的产品和解决方案。围绕推动工业设备联网和生产环节数字化连接，打造一批智能制造车间和企业，实现生产数据贯通化、制造柔性化和管理智能化。每年组织实施一批省级制造业数字化改造、网络化协同、智能化升级重点项目，认定一批省级"5G+工业互联网"示范工厂、"上云上平台"标杆企业。

为探索具有新时代特征的新型工业化道路，努力打造高端制造业增长极，加快推动制造业高质量发展，2023 年 5 月 18 日，上海市人民政府办公厅发布了《上海市推动制造业高质量发展三年行动计划（2023—2025 年）》，提出实施"专精特新"企业培育计划，推动中小企业提升竞争力，市级"专精特新"企业达到 1 万家，国家级专精特新"小巨人"达到 1000 家，制造业单项冠军企业和产品达到 50个，力争创建 10 个左右国家级特色集群。同时对企业"小升规"提供专项支持和服务，每年新增规上工业企业 1000 家左右。用好"成长券"，推动"小升规"企业发展壮大为"专精特新"企业。

为推动专精特新企业高质量发展，引领全省中小企业增强核心竞争力，提升产业链供应链韧性和安全水平，2023 年 1 月 20 日，江苏省人民政府办公厅发布了《江苏省专精特新企业培育三年行动计划（2023—2025 年）》，提出实施企业研发机构高质量提升计划，支持专精特新企业独立或联合建设高水平研发机构和创新平台，实现省级以上研发机构全覆盖。围绕重点产业链关键环节，结合国家产业基础创新发展目录，发布关键核心技术（装备）攻关计划，通过揭榜挂帅、竞争立项等方式，每年支持专精特新企业实施关键核心技术（装备）攻关和产业基础再造项目比例不低于 30%。推动全省银行机构为专精特新企业新增 5000 亿元以上的授信。支持保险机构开发符合专精特新企业发展阶段和需求的保险产品，推进首台（套）重大技术装备保险和新材料首批次应用保险补偿机制试点，丰富知识产权保险业务品种。

（四）权益保护方面

为持续优化法治化营商环境，维护公平竞争市场秩序，更好保护人民群众合法权益，加快推进法治政府建设，2023 年 11 月 29 日，云南省人民政府办公厅发布了《云南省提升行政执法质量三年行动实施方案（2023—2025 年）》，提出聚焦人民群众反映强烈的运动式执法、"逐利执法"、执法不规范、执法方式简单僵化、执法粗暴、执法"寻租"等乱作为不作为问题，开展专项整治和监督行动。加强涉民营企业案件监督，纠正滥用行政执法权的行为。清理过多过泛的涉企行政检查，让企业有更多时间精力专注生产经营。探索建立涉企行政执法案件经济影响评估制度，完善涉民营企业行政执法违法行为投诉举报处理机制，依法维护民营企业和企业家权益。

为进一步规范涉企收费，降低市场主体制度性交易成本，减轻市场主体经营负担，2023 年 2 月 9 日，山西省人民政府办公厅发布了《山西省进一步优化营商环境降低市场主体制度性交易成本工作方案》，提出规范行业协会商会收费管理，全面推动各级各类行业协会商会公示收费信息，严厉查处违法违规收费行为。严禁行业协会商会强制企业到特定机构检测、认证、培训等并获取利益分成，或以评比、表彰等名义违规向企业收费。在组织完成对行业协会商会乱收费专项清理整治"回头看"工作的基础上，持续关注 15 项社会和企业反映强烈的行业协会商会乱收费问题，推进收费政策保障、保护企业权益、减轻企业负担。

为持续深化改革，优化营商环境，提振市场信心，2023 年 3 月 14 日，四川省人民政府办公厅发布了《四川省深化"放管服"改革优化营商环境 2023 年工作要点》，提出开展拖欠中小企业账款行为集中治理，严厉打击虚报还款金额、将无分歧欠款做成有争议欠款、增设额外还款条件或以不签合同、不开发票、不验收、未完成审计等方式变相拖欠的行为。鼓励各地探索建立政务诚信诉讼执行协调机制，推动政府诚信履约。

（五）营商环境方面

为加快建设智慧便利高效的现代政务服务体系，以更大力度打通政策落地"最后一公里"，优化民营企业发展环境，全方位打造与首都功能相适应的企业发展生态，实现营商环境全面优化提升，2023年4月7日，北京市人民政府发布了《北京市全面优化营商环境助力企业高质量发展实施方案》，提出推进政府采购"一照通办"，企业无须购买数字证书（CA），通过电子营业执照即可完成全流程政府采购活动。积极扶持中小企业恢复发展，全面落实货物和服务采购项目给予小微企业10%~20%的价格扣除评审优惠等政策，鼓励采购人结合采购标的相关行业平均利润率、市场竞争状况等从高选择价格扣除比例。加强政府采购合同融资线上"一站式"服务，引导金融机构为中小企业提供无抵押、无担保贷款服务，在不超过合同金额的融资限额内实现应贷尽贷。

为进一步加强集成创新，持续发力打造贸易投资最便利、行政效率最高、政府服务最规范、法治体系最完善的国际一流营商环境，2023年1月4日，上海市人民政府办公厅发布了《上海市加强集成创新持续优化营商环境行动方案》，提出全面推行体系化服务企业模式，逐步实现各级园区和商务楼宇全覆盖。进一步扩大企业服务专员队伍，推动政府部门建立"代办专员"制度，持续推进"领导干部帮办+工作人员帮办"机制，对重点企业和专精特新企业实行全方位帮办服务。设立"12345"热线企业专席，加强企业诉求快速响应、高效解决。深化窗口"智能帮办"+远程"直达帮办"服务模式，拓展智能客服小申应用场景"线上帮办"服务事项。

为深化营商环境创新提升行动，强化政策精准供给，推动重点领域攻坚突破，持续增强企业的获得感，2023年5月26日，山东省人民政府发布了《关于印发山东省深化营商环境创新提升行动实施方案的通知》，提出深化"用地清单制"改革。统筹推进"用地清单制"、区域评估、"标准地"出让等改革，持续降低企业用地成本。鼓励有条件的市将气象探测环境保护、占用自然保护地、国家安全等纳入评估普查范围。优化整合供电业务流程，推动供电服务资源信息共享，建设具备市政公用基础设施联办功能的线上办理渠道。提升办电接电效率，实施"网上办、主动办、联合办、一链办"的"一件事一次办"服务，满足企业生产经营用电需求。

为持续对标一流水平打造市场化法治化国际化营商环境，努力实现"争创一流"目标，2023年8月17日，广西壮族自治区人民政府办公厅发布了《关于印发2023年广西优化营商环境工作要点的通知》，提出持续深化通关便利化改革，将更多产业链供应链龙头企业培育成为"经认证的经营者"（AEO）高级认证企业。加速免强制性产品认证（CCC认证）产品通关。加强进出口环节收费监管，探索搭建铁路、公路、航空、港口等领域货运信息系统平台，探索多式联运条件下电子运单共享，推进多式联运深度融合发展。提升口岸服务质量，扩大跨境电商进出口贸易规模，降低全程运输、仓储等物流成本。

数字化转型篇

B.3
数字化赋能中小企业机理
及数字化产品与服务研究

刘灿耀　王欣欣　夏英非 *

摘　要：　中小企业数字化转型是推进数字经济和实体经济深度融合的重要抓手，是推进新型工业化的重要支撑力量，现阶段，数字化转型已成为中小企业高质量发展的"必答题"。本文研究了数字化转型赋能中小企业研发设计、生产制造、采购供应、营销售后、业务协同的典型机理、赋能路径以及相关代表性产品与服务。研究发现，未来我国仍需进一步培育数字化转型人才队伍、优化转型引导与政策支持、推动工业软件国产化良性循环、优化中小企业数字化转型生态。

---

* 刘灿耀，国家工业信息安全发展研究中心保障技术所助理工程师，主要研究方向为中小企业数字化转型、中小企业发展促进；王欣欣，主要研究方向为中小企业数字化转型；夏英非，主要研究方向为中小企业数字化转型、中小企业国际化。

关键词： 中小企业　数字化转型　产品与服务　赋能机理

一　优化数字化转型产品与服务供给意义重大

（一）数字化转型已成为中小企业高质量发展"必答题"

党的二十大报告指出，加快发展数字经济，促进数字经济和实体经济深度融合。2024 年政府工作报告提出，积极推进数字产业化、产业数字化，促进数字技术和实体经济深度融合。我国中小微企业总数于 2022 年底已突破 5200 万家，规模以上工业中小企业经营收入超过 80 万亿元。[①] 量大面广的中小企业已成为推进数字经济和实体经济深度融合的重要抓手，是推进新型工业化的重要支撑力量，是实现中国式现代化的重要依托。加快推进中小企业数字化转型，是提升产业链供应链协同配套能力，推动培育新质生产力的题中应有之义。

当前，数字化转型已成为中小企业实现高质量发展的"必答题"。与大企业相比，中小企业在资金、人才、技术等方面的条件存在先天劣势，业务模式相对单一，抗风险能力较差。以受新冠疫情冲击影响为例，相关调研显示，2020 年近六成被调研中小企业预计营业收入下降超过 20%，超过三成被调研中小企业预计营业收入下降超过 50%，与大企业相比，疫情对中小企业营业收入有着更加显著的负面影响。[②] 当今世界正在经历百年未有之大变局，国际经济与政

---

① 王政：《今年力争专精特新中小企业超 8 万家（新数据新看点）》，《人民日报》2023 年 3 月 26 日。

② 朱武祥、张平、李鹏飞、王子阳：《疫情冲击下中小微企业困境与政策效率提升——基于两次全国问卷调查的分析》，《管理世界》2020 年第 4 期。

治环境复杂多变，国内外市场竞争加剧，经济下行压力较大，亟须以数字化转型为抓手，进一步促进中小企业增强核心竞争力、提升抗风险能力和生产经营效率。

中小企业受限于自身在资金、人才、技术等方面的不利条件，对数字化转型的认识不全面、不充分，对推进数字化转型的具体路径与所需的产品和服务缺乏清晰的认识，市面上能够妥善适配中小企业数字化转型实际需求的产品供给仍有不足。在这样的背景下，工业和信息化部于2022年印发了《中小企业数字化转型指南》，提出"坚持应用牵引，供需互促"，并鼓励数字化转型服务机构聚焦中小企业特征及需求研制"小快轻准"（小型化、快速化、轻量化、精准化）数字化转型产品。[①] 近年来，SaaS（Software as a Service，软件即服务）化产品、低代码平台、工业互联网平台、"链式"数字化转型、"集群型"数字化转型等转型新产品、新模式加速涌现。此外，相关调研显示，参与调研的中小企业中超过六成通过寻找固定的数字化转型服务商的形成开展转型，超过五成通过各大云服务商的网站、参加数字化转型相关赋能活动开展转型、超过四成中小企业依托所在园区推动数字化转型、超过两成中小企业通过依托集群平台、寻找资讯公司的形式推进转型。[②]。

（二）数字化赋能中小企业新产品、新模式加速涌现

1. SaaS化产品

SaaS是一种典型的云计算服务模式，云计算具有服务资源池化、

[①] 《中小企业数字化转型指南》，工业和信息化部官方网站，2022年11月8日，https://www.miit.gov.cn/jgsj/xxjsfzs/wjfb/art/2022/art_ b57210011c6b4c269454db587d59804f.html。

[②] 中国中小企业协会：《中国中小微企业数字化转型状况分析报告》，https://aimg8.dlssyht.cn/u/551001/ueditor/file/276/551001/1701048561181582.pdf。

服务资源可拓展、资源通过宽带网络调用、资源用量可度量、服务资源供给可靠的典型特征。① 基础的云服务组合、集成、拓展、优化，以更好地适配中小企业的转型实际需求，进而形成云计算集成和人才即服务、解决方案即服务等衍生云服务。② 据相关研究数据，2022 年我国云计算市场规模为 4550 亿元，预计 2025 年市场规模将达到11055 亿元。③

SaaS 化产品是一种典型的云计算服务模式，中小企业应用SaaS 化产品时无须一次性投入大量资金购买和维护硬件设备、软件系统及相关 IT 基础设施，无须花费大量的时间和精力进行软硬件基础设施的安装配置和维护。通过云端管理平台，即可实现数字化产品的快速部署和轻量化操作。云端服务模式同时具有良好的设备兼容性，用户可以在不同设备上无缝切换使用，无须担心设备之间的差异或数据同步问题。整体看来，云计算服务模式具备一次性投入低、应用部署快、资源利用率高、使用便捷灵活等典型优势。

2. 低代码平台

低代码平台也被称为 APaaS（Application Platform as a Service，平台化应用程序即服务）平台。通过可视化的应用开发界面，低代码平台可以减少开发者编写原生代码的工作量，在特定的场景下甚至能够实现在不编写原生代码的情况下便捷构建应用程序。④ 据 Gartner预测，中国低代码应用平台市场收入在 2021～2026 年预计将以

① 李乔、郑啸：《云计算研究现状综述》，《计算机科学》2011 年第 4 期。
② 梁昌勇、马玲、陆文星：《面向中小企业信息化的云服务选择》，《机械设计与制造》2012 年第 3 期。
③ 《云计算白皮书（2023 年）》，中国信息通信研究院官方网站，2023 年 7 月，http://www.caict.ac.cn/kxyj/qwfb/bps/202307/t20230725_458185.htm。
④ 艾瑞咨询：《企业级低代码平台构建白皮书》，2024 年 1 月。

25.4%的复合年均增长率不断增长。①

低代码开发具备成本低、门槛低、构建快、易上手、易协同等典型优势。低代码平台将高频使用、通用性强的功能模块固化封装，并通过简洁明了的可视化拖拉拽操作实现代码的高效复用，能够很好地适配中小企业相对简单、频繁重复的部分业务场景。此外，得益于低代码平台低门槛易操作的特性，中小企业业务人员可以方便地自主构建应用程序，当需要进一步开发、优化、升级系统时，可以降低与第三方开发商的沟通成本，提高开发效率，加快软件系统升级改造进程。②

3."链主"或骨干企业带动

近年来，国家大力支持中小企业专精特新（专业化、精细化、特色化、创新化）发展，2024年李强总理所作的《政府工作报告》中提到"促进中小企业专精特新发展"。中小企业是产业链和产业集群的重要组成部分，攻关重点技术、深耕专业领域的中小企业是产业链和产业集群稳定运行与高质量发展的重要依托。作为产业链上和产业集群中的"配套专家"，中小企业的数字化转型进程与"链主"企业、骨干企业、行业内优质数字化转型服务机构有着密切的协同合作关系。

在中小企业数字化转型的过程中，"链主"企业、骨干企业、行业内优质数字化转型服务机构在促进行业内数字化技术推广复用、破解关键环节转型痛点，打通上下游产业链、提高产业链整体协同效率，推动赋能平台建设、提升转型供需平衡水平，构建优质转型生态、提供多方转型资源支持等方面发挥了积极作用，以自身良好的资源基础和技术积累有效弥补了中小企业数字化转型在资金、人才、技

---

① Competitive Landscape: Enterprise Low-Code Application Platforms in China, Gartner Research, 2022年4月29日, https://www.gartner.com/en/documents/4014227。

② 龚新涛、杜成:《低代码开发平台助力中小企业服务数字化转型》,《信息化研究》2023年第6期。

术等方面的劣势，高质量带动了产业链上和产业集群内中小企业的数字化转型进程。

二 数字化赋能研发设计机理及相关产品服务简析

（一）降低研发设计物料、设备成本

数字化重塑企业研发设计环节，帮助中小企业有效减少研发设计环节在物料、设备等方面的成本，有效降低中小企业研发设计门槛。

例如，通过应用 CAD（Computer Aided Design，计算机辅助设计）软件，产品研发人员可以在虚拟环境中设定产品的尺寸、形状、材料等参数，创建产品的二维或三维模型，基于数字化二维或三维模型方便地进行设计方案的分享、修改、优化、整合，高效复用过往成熟设计方案，设计成果展示更加直观方便；通过应用 CAE（Computer Aided Engineering，计算机辅助工程）软件，在产品设计早期进行设计可行性分析、性能仿真分析、风险评估和可靠性分析，产品设计师和工程师可根据模拟分析结果调整优化设计参数、改进结构或优化材料，在正式开展实物实验和样品制造前找到尽可能最优的设计与制造方案。相关代表性研发设计类数字化转型产品与服务如表 1 所示。

表 1　代表性研发设计类数字化转型产品与服务（一）

产品与服务名称	简介
中望 CAD 2024	基于自主内核的国产二维 CAD 平台，兼容 DWG 格式，广泛支持主流行业应用和用户个性化功能定制开发。自 2002 年推出以来，已帮助建筑、勘察、市政规划、机械制造、电子电器、能源电力等多行业用户实现高效设计、国产化创新应用

续表

产品与服务名称	简介
浩辰 3D 2024	浩辰 3D 2024 具备 2D+3D 一体化设计能力,融合了顺序、快速、细分多种智能参数建模技术,覆盖零件设计、装配、工程图、钣金、仿真、动画等 29 种设计环境,从产品设计到制造全流程的 3D 设计软件
数码大方 CAXA CAD	CAXA CAD 是一款综合二维和三维设计功能的计算机辅助设计软件,结合二维绘图与编辑能力和三维建模与渲染技术,为用户提供了从平面到立体的全方位设计解决方案。该软件支持多种数据交换格式,提供了丰富的标准库和智能工具,以简化设计流程,提高设计效率
华铸 CAE	华铸 CAE 以铸件充型、凝固过程数值模拟技术为核心对铸件的成型过程进行工艺分析和质量预测,从而协助工艺人员完成铸件的工艺优化工作。该软件对铸件充型、凝固过程进行计算机模拟,预测铸造过程中可能产生的卷气、夹渣、冲砂、浇不足、冷隔、缩孔、缩松等缺陷
英特仿真 INTESIM-MultiSim	INTESIM-MultiSim 多物理场仿真及优化平台在多场耦合分析技术方面能够帮助用户解决生产设计中的结构、流体、热、电磁、声学等物理场问题,同时能够解决上述物理场之间的耦合问题,实现结构分析、热分析、声学分析、低频电磁分析等
索辰 CAE	索辰 CAE 专注于流体、结构、电磁、声学、光学等多个学科的基础算法研究和技术开发,形成了一系列高效、稳定的核心算法和求解器,具备在多个学科领域进行模拟仿真的能力

资料来源:各服务商官方网站及官方产品介绍材料,国家工业信息安全发展研究中心整理,下同。

(二)沉淀复用研发经验与行业知识

通过信息化手段沉淀研发经验与行业基础知识,运用数字化工具收集并整合产品和设计目标参数数据,形成产品设计标准库、组件库、知识库、专家库,充分整合企业知识资产并实现高质量复用,最大化提升研发资源利用效率，降低研发设计成本，形成面向客户需求的快速响应能力，方便设计协同与知识共享，减少重复研发、重复生产。

例如，部分 CAD、CAE 等软件内嵌了工业原理、工业知识、工业技术和工业设计基本流程等经验与知识，可用于设计方案的可行性论证与产品性能模拟分析及基于模拟分析的产品设计方案优化，并能便捷地将沉淀下来的工业经验与知识用于指导后续各工业价值实现环节；应用 LIMS（Laboratory Information Management System，实验室信息管理系统）可有效地存储和管理实验室数据，对样本信息、样本使用及存储情况、试验计划与结果、实验设备使用情况等信息进行统一整理与实时更新，对实验结果进行基础的自动化分析，协助研发设计人员有效提升研发效率，沉淀研发经验；应用知识管理平台可实现知识智能入库、统一知识搜索、多领域知识协同，构建智能知识图谱和多维度知识库，实现研发成果及时共享和研发常见问题快速精准回答，推进产品设计自动化。相关代表性研发设计类数字化转型产品和服务如表 2 所示。

表 2　代表性研发设计类数字化转型产品与服务（二）

产品与服务名称	简介
金现代 LIMS 实验室管理系统	凭借其更高的自动化程度和良好的合规性,让企业的实验室工作更高效、更规范、更合规,有效应对传统实验室效率低、不规范、进度难跟踪、过程难追溯的痛点问题
白码 LIMS 实验室管理系统	包括样品管理、仪器设备管理、实验计划与执行、数据记录与分析、质量控制等功能,可根据实验室需求进行个性化设置,能帮助实验室实现高效的实验管理和数据记录,提高工作效率和数据质量
赛印 ProLIMS/NeoLIMS	整合了样品管理、数据管理、报告生成、资源管理等多个模块,在用户体验、数据安全、系统集成等方面进行了优化升级;引入云计算和大数据技术,实现数据的快速处理和高效存储,为实验室提供稳定可靠的服务

产品与服务名称	简介
青软青之 LIMS 系统	能够无缝对接各种实验设备和软件,实现数据的自动采集和传输;还提供了丰富的数据分析和报告生成功能,帮助实验室快速获取准确的数据分析结果;同时,注重数据安全和可靠性,采用了多重数据备份和加密技术,确保实验数据的安全性和完整性
蓝凌中小型企业知识管理解决方案	基于数字化技术满足中小企业在知识有效沉淀、工作高效协同、员工快速成长、移动知识应用等方面的需求,实现工作经验、项目成果等知识资产统一管理
致远互联知识管理解决方案	通过隐性知识显性化和显性知识综合化,对文档知识进行收集、整理、分类和管理,并通过借阅、发送、订阅等方式进行知识利用;提供知识广场作为员工交流互动的场所,激励员工贡献个人知识,让有价值的知识获得更大范围的快速传播
泛微 eteams 知识管理应用系统	支持自定义采集规则,通过 RPA 智能机器人对系统内外的知识进行自动采集,全面链接不同数据源,提供多维度知识分类,保障组织知识文档完整沉淀;智能化分析用户岗位知识画像、业务场景中的知识需求,精准推荐关键知识点

三　数字化赋能生产管控机理及相关产品服务简析

（一）实现生产物料精确计划和车间智能排产

面向订单混乱、成本不清、资源浪费等问题,数字化赋能生产管控可实现对物料利用、订单排产的科学规划,对产线生产工序进行实时监控与动态调整优化,解决中小企业生产管控不灵活、无效率的问题。

例如，应用 APS（Advanced Planning and Scheduling，高级计划与排程）系统可通过算法和优化技术，解决多工序、多资源的优化调度问题，根据订单需求、生产能力和资源情况等因素，自动生成合理的生产计划，并实时监控生产进度和资源利用情况，实现对物料需求的精确预测，更加准确地安排物料采购从而减少不必要的库存和浪费，提高产线的生产效率、利用率和响应市场变化的能力。应用 MES（Manufacturing Execution System，生产制造执行系统），可对生产计划进行管理和优化，MES 通过各类传感器和接入设备运行控制系统，实现对制造过程中温度、速度、扭矩、压力等关键工艺参数的实时监测。它可以根据企业的生产计划和订单需求，将生产任务分配给各个生产单元，及时发现和处置异常情况，确保生产过程的流程性和顺畅性。与 APS 系统相比，MES 更偏向于生产计划的具体执行与流程控制。相关代表性生产管控类数字化转型产品与服务如表 3 所示。

表 3 代表性生产管控类数字化转型产品与服务（一）

产品与服务名称	简介
鼎捷 APS	提供企业整体供需规划及不同层次的生产规划与控制系统结合的排程方案，针对多元的离散型行业，满足顾客订单并充分利用企业资源，改善了传统 MRP 运算逻辑的不足，与 ERP、MES 集成，为企业运维的降本提效，提供较佳的一体性方案
海行云 APS	以需求贯通销售、物流、制造、供应各环节，为企业提供从年度到小时的计划协同，解决短期产能测算、生产计划、能力计划、物料计划编制及计划管理问题，为企业指标体系的建立及监控分析提供数据支撑
安达发 APS	支持多约束条件管理、自动排程及多优化目标，可灵活应对各种计划因素的变更，采用工艺流程基础数据与资源约束、订单优先级和工序规则，实现排程结果的最优化

产品与服务名称	简介
华天软件 MES	可以在统一平台上集成诸如生产调度、产品跟踪、质量控制、设备故障分析、网络报表等管理功能,使用统一的数据库和通过网络联接可以同时为生产部门、质检部门、工艺部门、物流部门等提供车间管理信息服务
鼎捷 MES	以生产任务为核心,借助基于物联网的解决方案,形成人机料法测闭环,提高工艺派工及调度的能力,减少无效作业,实现弹性生产、流程追溯和集成化车间管理,提升现场生产效率
根云 MES	采用云、嵌入式、IoT、边缘计算等先进技术,实时准确地跟踪和反馈生产过程信息,实现广域设备联网、自动数据采集、快速柔性排产、制程防错防漏等智能化管理和对生产过程的精细化管控

(二)突破产品质量提升瓶颈

数字化赋能生产管控可打破中小企业产品质量提升瓶颈。在数字化转型过程中通过利用数字化技术加强对生产过程工艺流程细节的管控,对产品进行缺陷预测和改进分析,利用产品数据通过算法优化、建立模型等方式优化产品生产参数,使产品设计标准化,强化产品质量保障。

例如,应用 CAM(Computer Aided Manufacturing,计算机辅助制造)系统可为产品的具体生产与制造过程提供详尽的控制指令和执行规程,实现对生产制造过程的高精度控制,细化产品制造的技术实现方案,有效突破产品质量提升瓶颈。如在数控机床对材料的加工中可自动化进行刀具的选择、切削参数与切削路径的设计等工艺流程设计。与 MES 系统相比,CAM 系统更偏向于产品生产的具体技术细节,更贴近产品生产制造的工业机理和制造工艺。应用 QMS(Quality Management System,系统全称质量管理系统)有助于提升对产品的质量管控。QMS 系统通过标准化和流程管理、引进反馈机制和改进循环，实现来料质量管理、量具管理、生产过程管控、制成品质检、质量追溯等环节的自动化，能够有效提高产品质量稳定性和一致性，提高产品质量和客户满意度。相关代表性生产管控类数字化转型产品与服务如表 4 所示。

表 4 代表性生产管控类数字化转型产品与服务（二）

产品与服务名称	简介
中望 3D 三维 CAD/CAE/CAM 一体化解决方案	基于企业实际加工理念的易用 CAM 方案,支持车削及 2-5 轴铣削加工,具备全机床仿真能力,让企业轻松完成产品开发流程末端的自动化制造环节,实现高质量的精密加工
华天 SINOVATION	一款三维 CAD/CAM 软件,具有混合建模、参数化设计、特征造型功能以及多种建模方式,支持快速完成设计表达;提供 CAM 加工、冲压/注塑模具设计以及数控编程功能,支持多种数控机床和加工方式,能够自动生成精确的工具路径,确保加工质量和效率
数码大方 CAXA CAM	具备强大的加工策略和工具路径生成能力,提供了丰富的刀具库和工艺参数设置,能够根据零件的几何形状和加工要求,自动生成高效、精确的加工路径;与 CAXA CAD 软件无缝集成,帮助制造业企业实现高效、精确的数控加工
盘古信息 QMS	在产品开发、生产制造、供应链协同等业务流程中,建立贯穿始终的标准创建、异常探测、质量管控、统计分析、预防纠正、报表生成的信息集控平台;用实时准确的数据帮助企业实现过程能力的诊断评估,应对潜在失效的风险采取合理的防堵措施
安必兴 QMS	基于 ISO9001/TS16949 PDCA 持续改进机制,构建从图形到数据的穿透式质量管理数据体系,为管理层提供质量管理统计分析、在线监控预警及异常改进的可视化协同平台,全面提升数据的准确性和时效性
云质 QMS	采用多租户设计,具备高可配置性,包含全供应链/全产品生命周期的质量管理功能,帮助企业实现质量检验现场化、无纸化、实时化,质量管理在线化、流程化、透明化,构建高水平的质量管理体系

（三）规避潜在的安全风险

数字化赋能生产管控可对潜在的生产安全风险实现全天候、精准化识别和预警规避，对生产设备实现智能巡检，实时监控设备运行状态和人员操作风险，对异常情况进行及时预警报警，保障小企业生产安全。

例如，应用 SCADA（Supervisory Control and Data Acquisition，数据采集与监控控制）系统可实时采集、处理产线上不同信息源的数据，实现对产线自动化监控，分析设备运行状态和效率，实现设备运行异常反馈、故障诊断、报警事件触发等，对设备进行集中监控和管理，帮助企业实现生产过程透明化，降低设备运行风险、提高生产效率和产品质量，确保安全生产。应用 PHM（Prognostics and Health Management，故障预测与健康管理）系统可基于传感器获取的设备运行中的温度、振动、电流、电压等数据进行智能化分析，研判设备与系统运行的健康状态，预测识别设备或系统故障，并生成维修计划，提高维护效率和降低维护成本，减少意外停机可能带来的生产危险。相关代表性生产管控类数字化转型产品与服务如表 5 所示。

表 5　代表性生产管控类数字化转型产品与服务（三）

产品与服务名称	简介
力控 eForceCon SCADA 系统	应用于中大型 SCADA 调度系统，覆盖从现场监控站到调度中心，提供完整的生产信息采集与集成服务，负责对整个系统的工艺生产进行监控管理和优化决策
卓喻 SCADA	提供全面设备数据采集与分析功能，支持海量设备接入，实时监控设备运行参数，统计设备运行效率，及时报警异常反馈，实现设备预测性维护和生产管理透明化，降低生产风险，提高能效和产品质量
宏集 Panorama E2	作为宏集 Panorama Suite 的核心系统，是一种可扩展的通用 SCADA 解决方案，满足不同行业及基础设施运营商的仪表和控制需求，为企业设备提供一站式管理平台

产品与服务名称	简介
京智测维 iMOt-HMS	主要面向工业企业各类生产,通过监测设备运行参数和工艺参数,实现对设备状态的识别和评价,对设备异常状况进行自动报警、早期诊断,为设备的预知维修提供有力保障
舜云互联 iMotor Care	依托舜智云工业互联网平台,将数字技术与服务技术相结合,通过数字技术+专家服务,提供线上监测预报警与线下专业诊断报告,针对设备常见故障提供可预知的全面诊断分析,提高设备运行效率,降低设备故障风险,延长设备使用寿命
东华测试 PHM	以结构安全和设备故障预测为导向,融合了工业互联网、工业大数据、云/边缘计算、人工智能以及数字孪生等先进理念,构建基于故障信息库的安全监测与故障预警系统,为用户打造全天候智能化监测与故障预测性维护专业平台

四 数字化赋能采购供应机理及相关产品服务简析

(一)提升仓储管理能力

中小企业仓储管理存在物料不明晰、物料流转效率低等问题,可利用数字化技术进行仓储物流动态调度、厂区内物资运输路径优化,有效降低物流成本、提高物流效率。

例如,应用 WMS(Warehouse Management System,仓库管理系统)配合条码扫描器、输送带、AGV(Automated Guided Vehicle,自动导引运输车)车辆、机械臂等硬件设备能帮助中小企业实时掌握库存状况,提高物资的存储效率和拣选准确性,对危险品、易过期产品等有特殊存放与管理需求的物料进行精细化合规存放,对物料进行分类和定位记录物资的进出和变化,并提供库存预警和补货建议,根据订单的要求进行拣选、包装和发货,降低库存成本。相关代表性采购供应类数字化转型产品与服务如表6所示。

表6　代表性采购供应类数字化转型产品与服务（一）

产品与服务名称	简介
金蝶 WMS	支持多货主、多仓库、多货品、多条码、多批次、多库位类型的仓库精细化管理，出库流程和上架规则、拣货规则的高度配置，用户进行收货上架、拣货打包、出库交接、库存盘点等任务流程时，可通过 RF 实现无纸化操作
富勒信息 WMS	涵盖仓库全业务需求，通过看板、图形化展示工具，实现仓库可视化管理。集成仓库内的智能物流设备，提升仓库作业自动化和智能化水平，保障订单执行效率和库存准确率
科捷智能 WMS	基于用户定制化需求，采用模块化系统业务架构，支持库存和库存位置的可视化，通过接口自动获取订单信息，实现订单智能排序组合与动态释放，提高仓库作业效率和准确性

（二）提升供应链管理能力

数字化赋能采购供应通过建立供应链管理系统，解决人工管理烦琐低效、拓宽供销渠道困难、及时响应下游顾客个性化需求能力弱的问题，同时解决中小企业采购规模有限、需求品类繁杂、管理松散、对供应商的议价能力较弱，导致采购效率低下、成本难以管控的痛点问题。

应用 SRM（Supplier Relationship Management，供应商关系管理）系统，可以帮助中小企业与供应商建立良好的合作关系，整合供应商的供货能力、产品品控、产品价格、服务水平、历史交易记录、资质证书等基本信息，助力中小企业选取最合适的供应商，管理采购需求、招标、投标、合同管理等采购流程，促进中小企业与供应商之间在需求预测、物流配送、库存管理、价格协商等方面的协作和沟通，提高采购流程的透明度与效率，确保采购产品质量，降低采购成本和风险。应用 TMS（Transportation Management System，运输管理系统）

可以协调物流运输的各个环节，制订运输计划（包括运输方式、路线规划、在途时间规划等），实时监控运输执行情况与物料位置信息，实现对危险品、易过期产品等有特殊运输条件与运输时效要求物料的精细化合规管理，管理优化运输成本和费用，提高物流运输的效率和准确性。相关代表性采购供应类数字化转型产品与服务如表7所示。

表7 代表性采购供应类数字化转型产品与服务（二）

产品与服务名称	简介
企企通 SRM	支持主营/非主营采购,通过对供应商全生命周期管理、采购流程、电子招标、采购订单、采购合同、物流、财务等管控,帮助改进企业供应链和采购管理
甄云 SRM	覆盖企业多种定价行为,通过竞价、成本明细、价格库等工具提升企业议价能力。共享采购双方需求信息,实现供应链伙伴之间的深度协同,帮助企业建立合规、高效、智能的数字化采购平台
陌远 SRM	将传统采购寻源转移至线上,强化供应商链接,优化内外部协调机制,对采购全流程进行跟踪,支持实时在线对账、开票验真、审核等操作,提高采购协议执行效率
科箭 TMS	从发货到客户评价配送流程透明可视,为货主、客户、承运商一键生成同一本账单,满足复杂的计费需求,节省大量人力物力。基于预设规则与约束条件,结合路径优化引擎,自动匹配车源,计划运输路线,为企业节省物流运输费用
维智 TMS	基于供应链网络设计,实现多平台调度管理,支持图形化方式优化配送路线,通过订单物流执行过程反馈和节点监控,快速处理运输过程的异常情况,为企业提供端到端的全程物流服务
百弘 TMS	通过运单全生命周期管理,对运输任务进行接收、调度、跟踪;基于任务的执行状态,对各环节进行系统指导和智能优化,提高企业对业务风险的管控力

（三）提升应对供应链冲击能力

利用供应链管理系统对链上关键环节风险隐患进行识别、预警、高效处置，能够让中小企业更好应对产业链不良冲击，减少面临的风险。

例如，应用 SCM（Supply Chain Management，供应链管理）系统，利用数字化平台技术，助力链上企业多维度的信息共享和协同工作，提高供应链透明度，打通供需两侧的信息壁垒，实现供需自动匹配，帮助企业分散风险，确保供应链的稳定性，提高供应链韧性和抗风险能力，通过构建灵活的供应链网络，对供应链全流程进行一体化管理，帮助中小企业建立健全风险预警机制，识别供应链各环节的潜在风险。相关代表性采购供应类数字化转型产品与服务如表 8 所示。

表 8　代表性采购供应类数字化转型产品与服务（三）

产品与服务名称	简介
盈科瑞森 SCM	供应商供货信息管理以购货价格为中心,对供应商供货业务过程进行完善记录和控制,降低供应商的库存,通过自动化战略寻源过程来提升谈判效力,避免由不必要的人为干预引起的保密相关问题
数商云 SCM	基于大数据分析与云计算技术,为传统企业打造融"供销存、交易、分销、金融、物流"为一体的供应链管理软件,无缝对接CRM、ERP、WMS 等第三方系统,帮助企业整合行业上下游资源,把经销商、采购商和物流商统一管理,让企业供应链协同更高效
简道云 SCM	易用性高,支持电脑端、移动端同步使用,支持集成钉企飞、小程序、公众号,有效整合和协调企业内外部各环节,优化供应链中的信息流、货物流、资金流;基于简道云零代码应用拓展能力,企业可以在已有的场景模板基础上进行个性化调整

五　数字化赋能营销售后机理及相关产品服务简析

（一）提升营销工作精准度

面对中小企业客源不稳定、营销成本高等问题，数字化赋能营销售后可实现运用数字化手段收集客户数据，分析挖掘客户需求，形成用户画像，有效针对不同客户提供不同的产品服务，提高客户黏性、扩大产品销路。

应用 CRM（Customer Relationship Management，客户关系管理）系统可以帮助中小企业集中管理客户信息，如客户基本信息、需求画像、浏览记录、合作基础等，了解客户需求和行为；实现营销流程自动化，如邮件短信推送、定向广告等；管理客户服务和支持流程，收集用户反馈信息、及时跟进售后服务和二次营销，有助于提高客户满意度和忠诚度，提高营销效率和精准度。此外，与传统 CRM 相比，SCRM（Social Customer Relationship Management，社会化客户关系管理）更专注于利用社交媒体获客和维护客户关系，通过建立在线交流社区增加客户黏性，开展粉丝营销。相关代表性营销售后类数字化转型产品与服务如表 9 所示。

表 9　代表性营销售后类数字化转型产品与服务（一）

产品与服务名称	简介
销售易营销一体化 CRM	致力于帮助主力中小企业实现全域精准获客、潜客识别与洞察、线索自动培育转化、营销全链路数据分析,运用营销自动化工具实现企业精准营销,提升营销效率和效果
悟空 CRM	核心功能包括客户信息管理、销售流程自动化、市场活动管理以及数据分析报告等;企业可以轻松地收集、整理和分析客户数据,深入了解客户需求和行为,从而制定更加精准的市场营销策略

续表

产品与服务名称	简介
爱客 CRM	根据客户自身业务特点,实现销售管理闭环,精准预测销售形势,提供灵活的自定义功能和有效的数据分析,优化销售业务流程,统一管理客户信息,高效盘活客源,改变中小微企业传统的销售管理模式
机汇云 CRM	提供了丰富的客户信息管理功能,支持销售流程自动化,具备强大的市场活动管理功能,支持企业策划、执行和评估等市场活动。充分利用社交和移动的力量,借助云端应用产品打造内容丰富、参与性强的在线社区,建立更深层的客户关系
腾讯 EC SCRM	连接了 QQ、微信,可在 CRM 库中直接与客户进行 QQ 跟进,记录自动保存,公司介绍可同步转发到微信朋友圈,提升企业宣传、拓客效率
群应用 SCRM	专注于社交媒体客户关系管理,提供了丰富的营销工具和功能,帮助企业通过社交媒体平台建立和维护与客户的紧密互动,集成了多种社交媒体平台的功能,如微信、微博、抖音等,使企业能够在统一的平台上管理各个渠道的客户信息和互动内容
智简 SCRM	帮助企业与客户在社交媒体平台上建立即时互动,整合分析来自不同渠道的客户数据,同时具备智能化营销功能,能够为企业提供精准的市场分析和预测;通过分析客户数据和行为模式,帮助企业制定针对性的营销策略,提高营销效果和投资回报率

(二)增强对市场的预判能力

数字化赋能采购供应通过营销售后数据分析揭示客户需求及未来市场的潜在变化,提前布局业务转型,解决中小企业对市场变化认知不清晰不敏锐的痛点。

例如,应用 BI(Business Intelligence,商业智能)整合来自市

场、宏观经济、供应链、销售、财务等不同来源的数据，分析挖掘数据间的关联关系，揭示事物间的影响机理，并将其转化为易于理解能支撑企业对未来市场作出合理预判的信息，帮助企业识别业务机会、评估业务风险、优化业务流程，提高中小企业管理效率和决策水平。CRM 和 SCRM 主要关注客户关系的建立和维护，与 CRM 和 SCRM 相比，BI 更侧重于数据分析和决策支持。此外，SCRM 可以通过建立在线交流社区，增加客户黏性，拓宽信息反馈渠道，收集用户个性化需求与产品使用过程中的痛点问题，通过快速迭代优化产品提升客户黏性。相关代表性营销售后类数字化转型产品与服务如表 10 所示。

表 10　代表性营销售后类数字化转型产品与服务（二）

产品与服务名称	简介
思迈特 BI	通过封装数据查询、表关联、指标计算、ETL 等能力，提升数据准备效率；提供从定义建模到调度发布的一体化指标管理服务，促进数据资产沉淀；借助自然语言处理技术，深度挖掘用户意图和数据价值
奥威 BI	能够与主流 ERP 软件无缝对接，通过构建数据中心，消除信息孤岛，统一数据口径，实现用户自助式分析；集 BI 报表与大屏功能于一体，充分满足不同场景的可视化分析需求
网易有数 BI	具备丰富的功能和可视化图表模板，快速生成报表，满足企业数据分析和可视化展示需求；对接钉钉、企业微信等平台，提供预警、协作、办公等移动办公体验，随时观测数据；展现、分析、诊断、决策，从数据发现到数据决策，对特定业务数据进行全方位分析

六　数字化赋能业务协同机理及相关产品服务简析

（一）提升企业内业务协同效率

数字化赋能业务协同通过运用新一代信息与通信技术，推进中小企业各环节业务协同，提升企业生产经营整体效能，包括研发设计协同、生产制造协同、订货业务协同、物流仓储协同、财务结算协同等，打造立体协同体系。

例如，应用 ERP（Enterprise Resource Planning，企业资源管理）系统打通财务管理、供应链管理、营销与售后、人力资源管理、生产制造等多个模块，实现信息的共享和协同，实现资源的优化配置和合理利用，帮助企业优化业务流程，消除冗余环节，提高企业各环节整体运行效能，与 CRM、BI 相比，ERP 更侧重于企业内部资源和业务流程的管理。应用 PLM（Product Lifecycle Management，产品生命周期管理）可实现对产品从研发设计、工艺参数、生产制造、仓储分销、营销售后、优化升级到报废处理整个生命周期的管理，可帮助企业管理和维护产品合规相关的性能要求、资质、认证信息等，确保产品符合市场和相关法规要求。PLM 系统与 CRM、BI 相比更侧重于产品设计和制造过程中对产品的信息管理和协同工作，与 ERP 相比，PLM 更侧重于企业产品及其全价值链价值实现的管理，更加关注立足于所生产产品的企业内部各业务间的有机关联和高效协同。相关代表性业务协同类数字化转型产品与服务如表 11 所示。

表 11　代表性业务协同类数字化转型产品与服务（一）

产品与服务名称	简介
用友 U8 cloud ERP	基于全新的企业互联网应用设计理念,为企业提供集人财物客、产供销于一体的云 ERP 整体解决方案,全面支持多组织业务协同、智能财务、人力服务,以及构建产业链智造平台
畅捷通 T+Cloud 云 ERP	将购销、生产、分销渠道、客户经营及服务无缝衔接,实现基于数据驱动的经营管理,提升企业管理的即时性、渠道物流服务的精准性、客户服务的及时性,提高科学库存,实现多品种短生产周期作业,端到端的运营效率提升

产品与服务名称	简介
华天软件产品 全生命周期管理 InforCenter PLM	覆盖项目管理、产品数据管理、工艺设计与管理、车间无纸化四个层次,为企业搭建高效研发的数智平台;规范企业的产品研发过程,加快研发进度,提升企业研发数据的准确性和统一性,为工艺、生产、财务、采购等业务提供统一数据源
鼎捷 PLM 产品 全生命周期管理系统	可建立一体化的开发数据管理平台,实现物料标准化、项目透明化、设计生产一体化、无纸化车间管理,并能实现闭环的工程变更管理
金蝶云·星空 PLM 云	以 IPD 管理思想为核心框架,建立从客户需求提出到产品实现的闭环管理流程,全方位整合基础数据,串联市场营销与产品研发部门,构建以市场为导向、以客户为中心的研产销一体化平台

(二)提升企业间业务协同效率

数字化赋能业务协同通过数字化工业互联网平台,汇聚产业链大中小企业的各项数据、信息、资源,发挥链主企业、龙头企业带头引领作用,帮助中小企业打破信息孤岛、深度融入产业链供应链,解决中小企业单打独斗、缺乏规模效益的问题。

例如,产业链上或产业集群内龙头企业、链主企业、数字化服务商等提出数字化业务与生产协同方案,建设工业互联网平台、协同数字化平台等企业间协同平台或系统,实现链上企业间关键数据的互联互通,在协同研发、订单管理、产能共享、物流仓储、分销售后等环节实现企业间高效协同和资源优化配置,为产业链内企业和产业集群内企业各价值实现环节提供高质量服务。相关代表性业务协同类数字化转型产品与服务如表 12 所示。

表 12　代表性业务协同类数字化转型产品与服务（二）

产品与服务名称	简介
东方国信 Cloudiip 工业互联网平台	对外统一提供数据采集接口,满足不同层次工业现场的数据采集需求;拥有完善的云基础设施,满足各种行业 APP 开发部署的需求;这使客户能够解决工业数据云存储、计算、安全问题,实时动态弹性分配资源;提供 CAX、ERP、EAM、MES 等行业应用的云部署
卡奥斯 COSMOPlat 工业互联网平台	以用户为中心,针对大中小微企业提供场景级、车间级、企业级的数字化产品,推动生产方式由大规模制造向大规模定制转变,以全要素、全价值链、全产业链的场景化应用,实现高精度下的高效率
航天云网 INDICS 工业互联网平台	有效整合产品设计、生产工艺、设备运行、运营管理等数据资源,汇聚共享设计能力、生产能力、软件资源、知识模型等制造资源,开展面向不同行业和场景的应用创新

七　政策建议

（一）加强人才保障,培育数字化转型人才队伍

注重产学研结合,依托工业企业、科研院所、高等院校构建完善合理的人才培养体系,构建和完善支撑数字化转型相关技术研发、安全咨询、技术评测、成果转化的公共服务体系。探索建立中小企业数字化转型实训基地,为人才培育提供有形载体,面向政府主管部门、中小企业经营管理者、一线生产经营人员开展多层次培训。高等院校教育层面,推动高等院校创新专业设置,培育既懂工艺制造又懂数字技术的新型复合型人才,推广定制化的人才培养模式;员工在职培训层面,建设并完善中小企业数字化转型人才在职培训课程体系,引导企业加大对现有人才队伍数字素养与数字技能的在

职培训；评价认证体系层面，探索建立中小企业数字化转型技能人才的评价激励制度。

（二）完善政策引导，优化转型引导与政策支持

一是推动央省市县纵向联动、政企服研横向协同，多措并举引导推进中小企业高质量数字化转型，进一步完善中小企业数字化转型试点城市工作实施的体制机制，以试点城市工作为抓手培育一批优质数字化转型服务机构与服务产品。二是财政资金支持，通过项目补助、上云补贴、试点示范奖励、数字服务券等方式，加大对中小企业数字化转型的财政资金支持力度。三是慧企政策扶持，探索将中小企业数字化转型支出纳入研发费用，施行税前加计扣除。四是金融信贷加持，引导金融机构创新设立产业链数字化改造专项贷等产品，满足重点行业的中小企业数字化改造的资金需求。

（三）突破市场困境，推动工业软件国产化良性循环

从当下工业软件应用来看，工业软件面临研发周期长、资本投入大、技术壁垒高、投资回报慢等诸多现实挑战，而我国在工业软件领域处于后发地位，在多个领域信息化和国产化程度低，技术与国外厂商存在差距，中高端市场占有率低。[1] "工业软件是用出来的"，CATIA 诞生于幻影飞机研制过程中，并一直在达索航空的主导下发展。[2] 要为国产工业软件找到实际工业生产场景，进一步完善新开发工业软件的保险补偿机制，增大财政资金对新开发工业软件的支持力度，进一步简化申请手续。让国产工业软件能够在实际的工业场景中

---

[1] 中国银河证券：《行业深度报告：工业软件——中国智能制造的阿喀琉斯之踵》，2021 年 9 月。
[2] 谢克强：《达索系统：工业软件发展的八大路径》，《中国工业和信息化》2019年第 8 期。

得以实际应用并持续改进，构建起国产工业软件的竞争优势，开启国产工业软件发展的良性循环。

（四）强化转型引导，优化中小企业数字化转型生态

构建多层次公共服务平台体系。支持试点城市构建公共服务平台，汇聚技术、资金、人才等各类创新资源。建立公共服务平台梯度培育模式，支持企业级平台重构企业生产方式、服务体系和商业模式，行业级平台为行业输出全场景解决方案，区域级平台为域内企业提供优化资源配置与协同等服务。推动平台开源共享、数据互联互通、技术标准统一，实现不同类型或不同领域平台间的共享合作。落地一体化促进，围绕重点行业领域打造国家级中小企业数字化转型促进中心，开展政策宣贯、人才培养、供需对接等重点工作，支撑地方政府开展咨询服务，促进标准研制、验证与落地应用。

参考文献

王政：《今年力争专精特新中小企业超 8 万家（新数据新看点）》，《人民日报》2023 年 3 月 26 日。

朱武祥、张平、李鹏飞、王子阳：《疫情冲击下中小微企业困境与政策效率提升——基于两次全国问卷调查的分析》，《管理世界》2020 年第 4 期。

《中小企业数字化转型指南》，工业和信息化部官方网站，2022 年 11 月 8 日，https：//www.miit.gov.cn/jgsj/xxjsfzs/wjfb/art/2022/art_ b57210011c6b4c 269454db587d59804f.html。

中国中小企业协会：《中国中小微企业数字化转型状况分析报告》，https：//aimg8.dlssyht.cn/u/551001/ueditor/file/276/551001/1701048561181 582.pdf。

李乔、郑啸：《云计算研究现状综述》，《计算机科学》2011 年第 4 期。

梁昌勇、马玲、陆文星：《面向中小企业信息化的云服务选择》，《机械设计与制造》2012年第3期。

《云计算白皮书（2023年）》，中国信息通信研究院官方网站，2023年7月，http：//www.caict.ac.cn/kxyj/qwfb/bps/202307/t20230725_458185.htm。

艾瑞咨询：《企业级低代码平台构建白皮书》，2024年1月。

Competitive Landscape：Enterprise Low-Code Application Platforms in China，Gartner Research，2022年4月29日，https：//www.gartner.com/en/documents/4014227。

龚新涛、杜成：《低代码开发平台助力中小企业服务数字化转型》，《信息化研究》2023年第6期。

中国银河证券：《行业深度报告：工业软件——中国智能制造的阿喀琉斯之踵》，2021年9月。

谢克强：《达索系统：工业软件发展的八大路径》，《中国工业和信息化》，2019年第8期。

B.4
中小企业"链式"数字化转型的典型模式与机理

刘灿耀　王子贺*

摘　要： 多方力量协同推进的中小企业"链式"数字化转型具备资源共享、技术共进、流程齐优、成本齐降的典型特征，是引领带动中小企业数字化转型的有力手段。本文结合具体案例对中小企业"链式"数字化转型的典型模式进行了细化解析，分析了技术赋能模式、供应链赋能模式、平台赋能模式、供应链赋能模式的赋能机理及代表性特征，对代表性行业"链式"数字化转型的典型模式做了梳理。研究发现，"链式"数字化转型有利于研发创新效率提升，促进产业链上下游协作、优化产业链生产经营体系，未来仍需进一步强化央地政策协同、调动服务机构资源力量、发挥链主龙头带动作用、构建良好的转型生态体系、稳步推进中小企业改造变革。

关键词： 中小企业　"链式"数字化转型　赋能模式

---

* 刘灿耀，国家工业信息安全发展研究中心保障技术所助理工程师，主要研究方向为中小企业数字化转型、中小企业发展促进；王子贺，国家工业信息安全发展研究中心助理工程师，主要研究方向为中小企业数字化转型、中小企业发展促进。

一 中小企业"链式"数字化转型背景

（一）中小企业数字化转型已成为推进新型工业化建设的重要抓手

习近平总书记高度重视中小企业发展，强调"中小企业能办大事"。2023 年 9 月，习近平总书记就推进新型工业化作出重要指示，他指出，新时代新征程，以中国式现代化全面推进强国建设、民族复兴伟业，实现新型工业化是关键任务。党的二十大报告指出，要加快发展数字经济，促进数字经济和实体经济深度融合。中小企业既是经济发展的活力源泉，又是民生就业的坚强后盾，在新一轮科技革命和产业变革浪潮下，中小企业数字化转型已成为推进数字经济和实体经济深度融合和新型工业化建设的重要举措。

（二）"链式"数字化转型是引领带动中小企业数字化转型的有力手段

在推进中小企业数字化转型的具体实践中，涌现了一批大中小企业融通推进数字化转型的新模式新业态，"链式"数字化转型是其中的典型代表。相较于中小企业自身"单打独斗"推进数字化转型，产业链上下游企业、数字化转型服务商、地方政府、金融机构等多方主体协同推进的"链式"数字化转型具备资源共享、技术共进、流程齐优、成本齐降的典型特征，具备触达中小企业能力强、示范带动效果好、社会经济效益大等突出的优势，容易实现"试成一批、带动一片"的良好效果。从产业链的角度来看，"链式"数字化转型有助于提高研发创新效率、打通产业链上下游、优化生产经营体系，有助于推动技术攻关促补链、强化协同促固链、培育生态促强链。

二 "链式"数字化转型典型模式简析[①]

（一）技术赋能模式

1. 技术赋能机理

技术赋能模式重点关注产业链龙头骨干企业、中小企业、高等院校、科研院所针对产业链共性瓶颈问题开展数字化共性技术攻关创新，推动技术进步和业务革新。通过创新应用数字化技术解决产业链上下游企业共性问题，形成具有较高应用价值和普适性的数字化产品及解决方案，带动中小企业数字化转型。

2. 技术赋能代表性特征

（1）联合开展技术攻关，破解关键环节转型痛点

凝聚龙头骨干企业、中小企业、高等院校、科研院所等力量，运用人工智能、大数据等前沿技术面向细分产业链上中小企业关键环节共性痛点问题，开展专项技术攻关，形成实用易用的数字化产品或解决方案并加以推广复用。

典型案例：凌迪科技开展技术攻关，

打造基于 GPU 的 3D 柔性体物理仿真引擎

服装 3D 仿真设计工业软件曾长期被国外垄断，抬高了我国服装制造中小企业数字化转型成本。浙江凌迪数字科技有限公司（简称凌迪

[①] 本节所用案例参见中国工业互联网研究院、国家工业信息安全发展研究中心《中小企业"链式"数字化转型典型案例集（2022 年）》，中国工业互联网研究院官方网站，2023 年 11 月，http://caii-sme.indusforce.com/#/casedisplay；中国工业互联网研究院、国家工业信息安全发展研究中心《中小企业"链式"数字化转型典型案例集（2023 年）》，全国中小企业数字化转型服务平台，2023 年 10 月，https://zjtx.miit.gov.cn/szhzx/gotoChain.pdf。

科技）通过引进高校海归人才，自主开发了世界唯一基于 GPU 的 3D 物理仿真引擎，降低了 3D 仿真服装设计工业软件对于高性能硬件的依赖，开发了一系列服装 3D 仿真设计软件，打破了国外垄断，从最制约服装行业效率的研发设计环节切入，为服装产业上下游企业提供从 3D 服装设计到智能生产、销售、服务的全产业链数字化服务（见图 1），提升服装研发设计生产效率 120% 以上，降低服装设计成本 80% 左右。

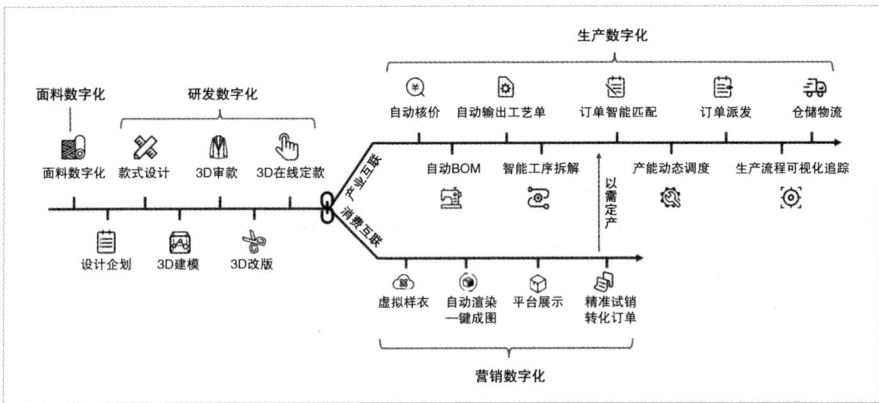

图 1 凌迪科技服装产业"链式"数字化转型的整体规划

（2）创新应用成熟技术，数字赋能具体转型场景

梳理提炼具体产业链上中小企业数字化转型共性应用场景，对现有的成熟技术进行创新整合，面向共性应用场景提供实用、易用、好用的数字化转型产品或解决方案，推动相关产品与方案在产业链上下游的推广复用。

典型案例：安徽巨一科技股份有限公司创新应用 AI 和

大数据技术，通过"5G+工业互联网"融合应用，

打造 5G 环境下智能制造场景

安徽巨一科技股份有限公司针对汽车行业车身制造过程中面临故

障排查难、数据传递滞后、数据监测能力弱等痛点打造了 5G 车身智造数字孪生项目。该公司通过创新应用 5G、工业物联和 AI 技术等成熟技术与解决方案，为汽车企业提供工厂的完整可见性、映射制造过程、数据采集分析预测和智能决策等服务（见图 2），有效提高了生产效率和产品质量控制，降低设备故障率。

图 2　产线全生命周期数字化解决方案

（3）整合优化技术资源，推动全流程系统化转型

充分整合现有优势技术资源，面向具体行业中小企业打造具备较高推广价值的中小企业数字化转型整体方案，提高链上企业研发、生产、流通、营销等环节的经营管理效率，推动转型整体方案在行业内中小企业实现推广复用。

典型案例：中用科技整合转型技术资源，

针对电子器件制造产业链企业打造"平台+专业服务"模式

中用科技有限公司（简称中用科技）针对电子器件制造产业链企业

面临数字化转型成本过高、数字化商业模式缺乏创新、设备数字化改造难度大、利用数据服务经营决策能力有限等问题，整合转型技术资源为中小企业带来高效、安全、节能的管理模式。中用科技针对中小企业的运行监测、生产调度、安全管理、运营服务等需求，建设符合中小企业自身发展的生产管理体系，建立更科学的综合管理机制（见图3），目前已纳入150余家生态伙伴，帮助降低设备维护与能源成本。

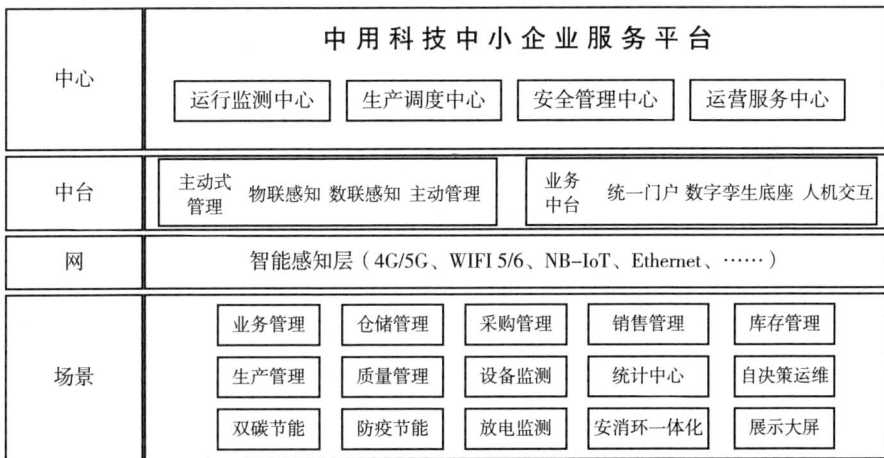

中心	中用科技中小企业服务平台			
	运行监测中心	生产调度中心	安全管理中心	运营服务中心
中台	主动式管理 物联感知 数联感知 主动管理		业务中台 统一门户 数字孪生底座 人机交互	
网	智能感知层（4G/5G、WIFI 5/6、NB-IoT、Ethernet、……）			
场景	业务管理	仓储管理	采购管理	销售管理 库存管理
	生产管理	质量管理	设备监测	统计中心 自决策运维
	双碳节能	防疫节能	放电监测	安消环一体化 展示大屏

图3　中用科技中小企业服务平台总体规划

（二）供应链赋能模式

1. 供应链赋能机理

供应链赋能模式重点关注通过构建数字化供应链体系提升产业链上下游企业协同效率。产业链上龙头企业、链主企业或数字化服务商构建数字化供应链体系或链上企业深度协同的数字化转型方案，引导产业链上企业接入数字化协同系统，实现链上企业间关键数据的互联互通，在协同研发、订单管理、产能共享、物流仓储、分销售后等环节实现企业间高效协同和资源优化配置，提升供应链上企业的整体资源利用效率，推动产业链上中小企业实现数字化转型。

2. 供应链赋能代表性特征

（1）嵌入链主企业数字化供应链，实现链上企业互惠共生

具有较强行业影响力的链主企业或龙头企业主导建设行业级数字化供应链体系，引导、倒逼链上中小企业嵌入数字化供应链，实现数据共享和业务与生产协同，提升产业链整体效能。

典型案例：阿里云构建小家电产业链协同平台，
高效赋能带动链上中小企业高效协同

广州阿里云计算应用技术有限公司（简称阿里云）针对小家电产业链上中小企业数字化水平较低、数字化转型的意愿不强、数字化水平参差不齐、供应链协同效率低下、供应链业务压力大等问题构建打造龙头+供应链中小企业数字化转型新模式。阿里云将新宝核心供应商接入产业链协同平台，通过龙头企业效应，带动供应链中小企业数字化转型。通过订单协同，将上下游订单统一平台操作，该订单的后续排产、生产、售后等集中处理；通过生产协同，将排产情况、生产进度实时在线化；基于平台将所有单据进行线上存储、分析、处理，助力中小供应商实现业务数据数字化，提升供应链协同效率。

（2）协同建立数字化供应链体系，数据共享带动高效协同

构建供应链数据共享模式与相对应的数字化支撑系统，实现产业链上下游企业间数据有效共享。以数据的高效共享带动生产经营高效协同，实现系统研发、货物供应、配送调度、加工生产、宣传推广、营销售后等全流程协作效率提升。

典型案例：木小二打通市场、设计、生产、库存、物流等数据，带动链上企业高效协同

湖州木小二数字科技有限公司（简称木小二）针对我国地板行业整体数字化水平不高，地板企业重复开展研发、打样、加工、宣传、招商、零售等环节，浪费多、企业效益低的现状，积极创新中小企业赋能模式。木小二充分发挥数据要素的引领作用，以中小企业市场数据为核心驱动要素，实现市场数据、设计数据、生产数据、库存数据、物流数据全过程的自动化、智能化处理。积极打造全品类地板的协同制造、共享制造、众包众创、集采集销模式，降低整个地板产业链采购、设计、生产、销售、服务等各环节的成本，助力企业生产、经营、管理等各环节的效益提升，实现数字化转型（见图4）。

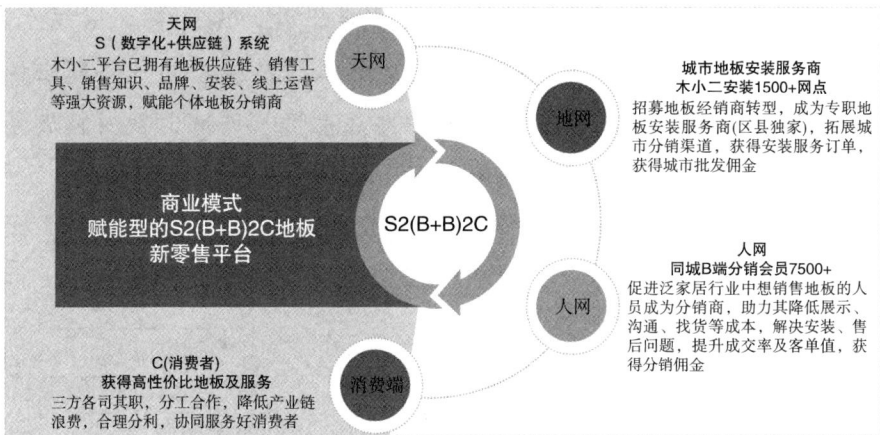

图4　木小二地板数字化服务模式架构

（3）链接产业链全链路企业资源，创新业务协作开展模式

运用数字化技术高效链接产业链全链路企业资源，系统化整合产业链上企业优势资源，有力支持业务模式创新优化，打造订单智能匹

配、智能推送、产业协同等服务模式，赋能链上典型数字化转型场景的全链路效率提升。

典型案例：杭州得体科技有限公司建设服装产业 SaaS 供应链平台，支撑产业链整体业务模式创新优化

杭州得体科技有限公司针对传统服装行业产业链长、环节多、反应慢等问题，构建以大数据为基础的服装产业 SaaS 供应链平台。杭州得体科技有限公司深度整合服装产业上、下游资源，打通设计师、版房、面辅料商、工艺商、生产商、品牌商等链路，打造基于订单智能匹配、智能推送、产业协同的服务模式，使品牌商及时准确地在平台上监控订单从接单到出货的每一步状态，实现供应链全流程透明化、智能化。通过订单驱动和技术驱动，实现双向辅助设计、打版、生产等业务场景的全链路效率提升，深度整合服装上、下游供应商资源，搭建起以订单驱动为核心、链接两端业务需求的桥梁，满足快时尚品牌、直播电商、网红直播、跨境电商对极致快反供应链的需求（见图 5）。

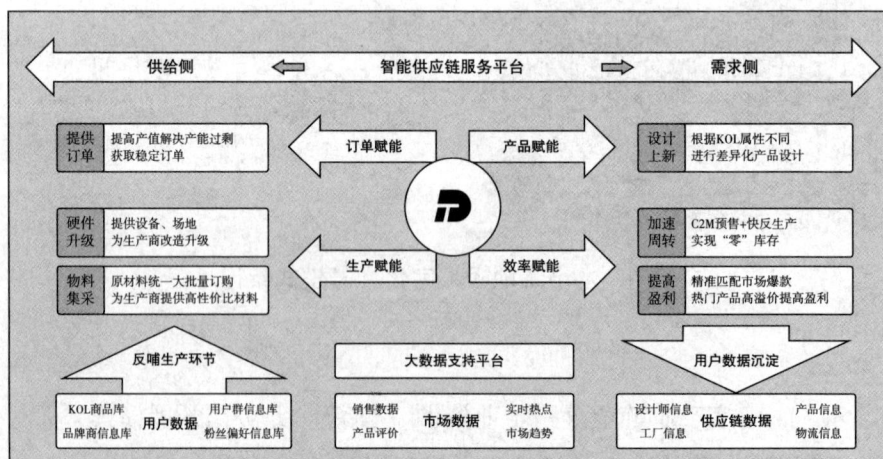

图 5　杭州得体科技有限公司赋能纺织行业架构

（三）平台赋能模式

1. 平台赋能机理

平台赋能模式重点关注依托数字化平台服务中小企业数字化转型。产业链上龙头企业、链主企业或数字化服务商等建设产业链工业互联网平台、协同数字化平台，通过中央工厂、共享制造等新模式汇聚产业链上下游大中小企业各项业务，提升产业链各类资源共享和协作水平，为产业链内企业和产业集群内企业各价值实现环节提供高质量服务。

2. 平台赋能代表特征

（1）发挥平台展示对接功能，提升供需动态平衡水平

构建工业互联网平台，搭建交易服务场景，通过汇集链上企业供需信息，促进供需有效对接和链上企业间协同。中小企业通过平台实时获取市场最新需求信息，根据市场及上下游伙伴的最新需求有针对性地开发优化自身产品，依托工业互联网平台高效精准匹配上下游合作伙伴。

典型案例：上海致景信息科技有限公司打造飞梭智纺工业
互联网数字化系统，实现产业链上下游供给需求相互促进

上海致景信息科技有限公司利用云计算、大数据、AI 等新一代信息技术打造飞梭智纺工业互联网数字化系统，针对纺织行业面临的供应链分散、管理粗放、技术水平低、经营成本高等主要问题，全面打造覆盖生产制造、经营管理、工业流通、运营管理的纺织行业数字化转型解决方案（见图 6）以及 B2B 交易等工业电子商务服务，在平台上实现对于织厂、染厂和纱线厂的生产管理智能化，通过工厂生产数据精确指导纺织供应链上下游的生产和交易，提高纺织生产和布匹需求的供应链匹配效率。

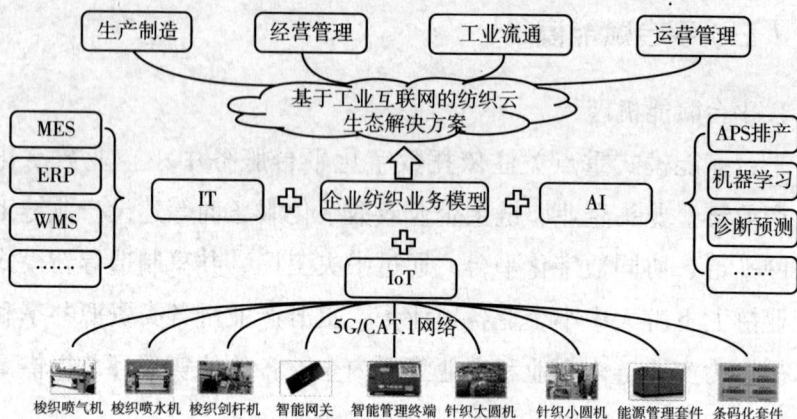

图6 纺织中小企业数字化转型解决方案

（2）集成各类赋能资源模块，赋能中小企业按需转型

以工业互联网平台为载体，构建面向产业链上中小企业设计、生产、物流、营销等环节数字化转型的赋能资源池，提供模块化解决方案，将系统应用拆分成多元化应用组件，供中小企业根据自己的实际情况按需灵活选择，减轻转型的资金负担。

典型案例：北京宏途创联科技有限公司建设 IU 工业云平台，整合赋能资源形成模块化服务能力

北京宏途创联科技有限公司从产业链角度进行资源整合，用产业互联创新模式推动中小企业迈出数字化步伐，建设 IU 工业云平台，集成多类赋能资源形成模块化服务能力，为工业企业提供生产要素数据上云及设备管理、安全管理、供应链管理、能耗管理、云端数据分析等模块化服务。供应链中小企业的设备状态及产能数据上云可以通过 IU 数据采集设备（适合于设备分布零散、数量少的场景）将数据直接上传至 IU 工业云平台；或是部署本地工作站（适合设备集中、数量多的场景），将所有采集的数据汇集到工作站，再由工作站统一发送至 IU

工业云平台。IU 工业云平台降低企业转型门槛，助力中小企业实现数字化管理。供应链采销智能协同如图 7 所示。

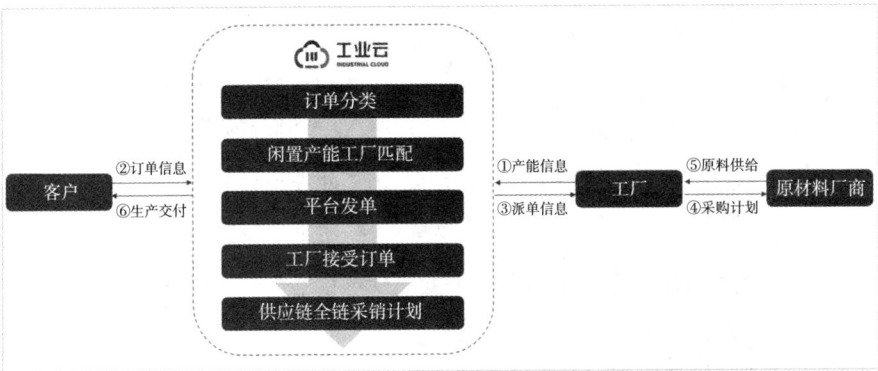

图 7　供应链采销智能协同

（3）提供转型基础技术底座，降低链上企业转型门槛

构建产业数字化底座，为链上中小企业数字化转型提供数字化转型基础资源与技术支撑，兼容不同工业协议和网站协议，推动应用不同技术的链上企业在同一个平台共享数据并进行协作，降低链上中小企业数字化转型门槛。增强数据安全保障，降低中小企业数字化转型安全风险。

典型案例：海螺新材依托卡奥斯数字科技（青岛）有限公司打造工业互联网平台，降低企业转型门槛与安全风险

卡奥斯数字科技（青岛）有限公司为海螺新材量身打造了一套以用户需求为中心的工业互联网平台，平台建设采用边缘层、IaaS、PaaS、SaaS 四层架构，搭建了 IOT 平台数字底座。SaaS 层整体架构设计紧凑合理，标准化了用户中心、流程中心等业务中台；规范化了接口标准，内部业务接口，统一通过 API 网关进行对接和监管，业务数据对接统一由 ETL 进行采集，形成标准 API 接口后，通过 API 网关统一发布；统一了数据存储路径和方式，实现数据处理集中化。型材行业工业互联网平台架构如图 8 所示。

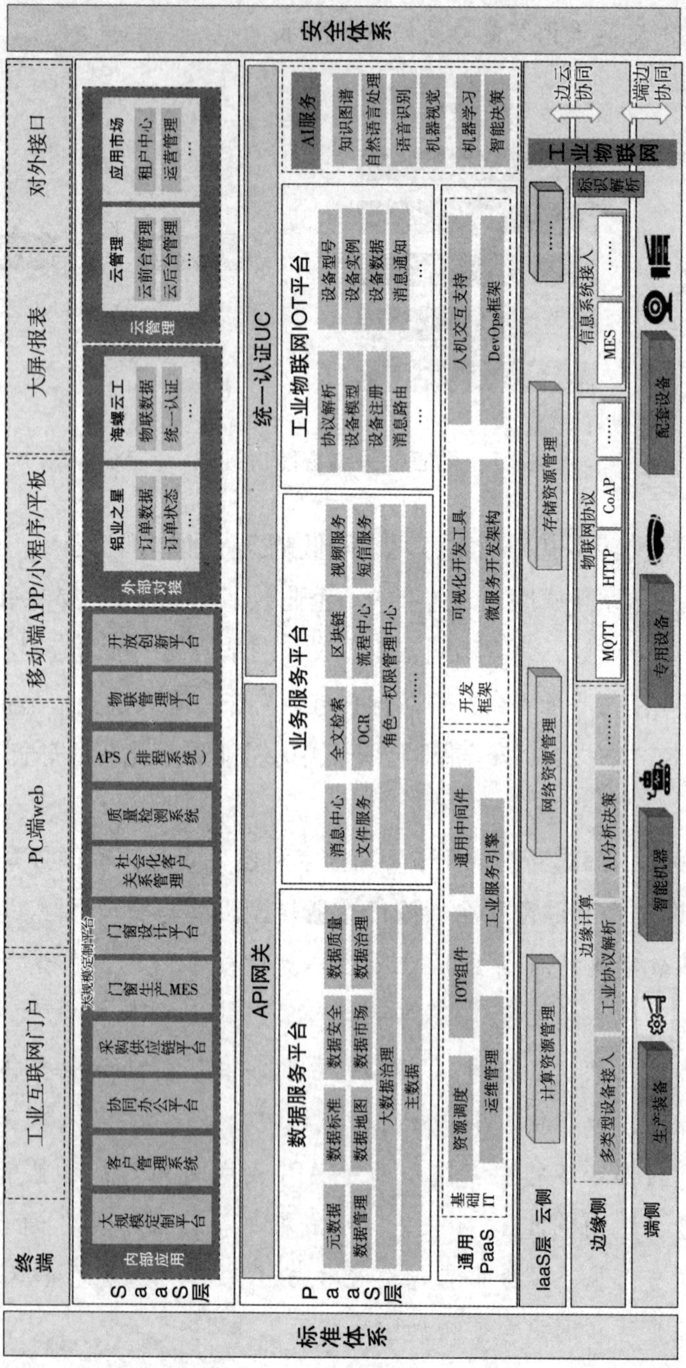

图 8　型材行业工业互联网平台架构

（四）生态赋能模式

1. 生态赋能机理

生态赋能模式重点关注构建数字化生态为企业数字化转型提供多层次多维度支持体系。产业链上龙头企业、链主企业或数字化服务商会同金融机构、行业协会、科研院所、高等院校、地方政府等主体，协同建设完善行业数字化生态，为链上中小企业提供转型解决方案、资金、人才、创新资源等多元支持，充分调动各界力量服务中小企业数字化转型，打造产业链上下贯通、协同一体的中小企业数字化转型生态体系。

2. 生态赋能代表性特征

（1）优化转型业态模式，统筹各方力量形成赋能合力

优化具体产业链上大中小企业数字化转型的整体规划和全方位数字化服务体系，优化转型业态模式，高效整合政府、金融机构、数字化转型服务机构、科研院所、高等院校等主体的赋能资源，创新转型业态模式，形成统筹合力，切实赋能链上中小企业，推动行业内中小企业"愿转、敢转、会转"。

典型案例：工赋科技依托青岛市工业互联网企业
综合服务平台，产业链上下游大中小企业协同转型

工赋（青岛）科技有限公司（简称工赋科技）通过青岛市工业互联网企业综合服务平台助力链上中小企业数字化转型。青岛市工业互联网企业综合服务平台基于卡奥斯 COSMOPlat 工业互联网平台 BaaS 引擎，汇聚政府、卡奥斯及第三方资源，打通政企两端、链接产业链资源，推动青岛市工业互联网企业服务线上办理、一站式快速响应，为中小企业提供全生命周期数字化转型赋能服务。工赋科技推动"链式"数字化转型的整体规划如图9所示。

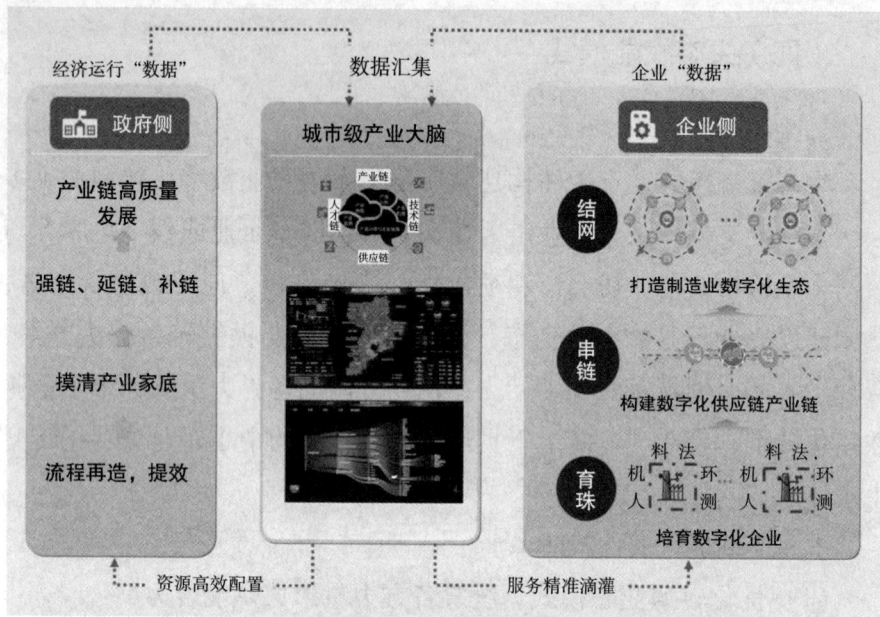

图 9　工赋科技推动"链式"数字化转型的整体规划

（2）发挥链主龙头作用，提供数字化供应链金融服务

以产业链主龙头企业为引领，引入金融机构等关键主体，充分发挥数据要素作用，创新性地利用数据资产质押、增信、作价入股等方式，拓宽中小企业融资渠道，盘活供应链上下数据，以数据要素带动资金流转，缓解中小企业转型缺乏资金支持的困境。

典型案例：浪潮打造易能大宗贸易

及供应链金融服务平台，拓宽中小企业融资渠道

浪潮工业互联网股份有限公司（简称浪潮）打造的易能大宗贸易及供应链金融服务平台基于物联网、区块链、标识解析等技术，采集真实仓储物流及贸易数据，将产业链上企业的资产进行可信量化，为金融机构提供数据增信依据，为企业量身定制在途质押、仓单质押等供应链金融服务,实现企业获得额外授信额度。通过平台的数据增信和供应链金融服务,满足了企业短期资金融通及周转的需求,激发了企业经营层持续使用平台积累数据资产、参与"链式"数字化转型的动力。浪潮易能石油炼化平台架构如图10所示。

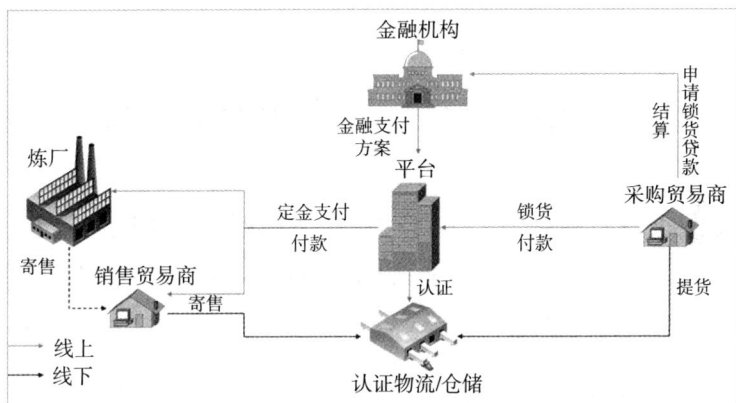

图10　浪潮易能石油炼化平台架构

(3)创新人才培养模式,凝聚合力优化转型人才供给

以产业链上中小企业数字化转型需求为牵引,推动企业与高校、科研机构开展合作,开展产业链上下游中小企业数字化转型专项人才培训。通过与高校科研院所共建实训基地、建立开发者社区、将资格认证与高校课程相融合等方式,加强数字化专业人才培训和认证,构建全方位、多层次的中小企业数字化转型专业人才培育体系。

典型案例:中信科移动依托洪山区内

生态资源,积极开展工业互联网人才培训与认证

中信科移动通信技术股份有限公司(简称中信科移动)依托洪

山区内诸多高等院校以及湖北省工业互联网产业联盟等专业机构，整合平台、企业、院校优势资源，打造"5G+工业互联网"人才培养主阵地。以中信科移动、华工科技等企业承担的多个国家创新发展工程项目成果为依托，重点围绕5G网络、标识解析两大技术的应用，开展工业互联网人才培训与认证，补齐人才结构短板。

三　代表性行业"链式"转型机理梳理

制造业按其产品制造工艺过程特点可概括分为离散制造业和流程制造业。本部分从离散制造业和流程制造业两个方面分别梳理了"链式"数字化转型典型机理。

（一）离散制造业

1. 离散制造业情况概述

离散制造业最终产品的各零部件的生产为多个相对较为独立的生产加工环节，最终产品由多个零部件按照固定的结构和配套关系装配而成。典型行业如汽车制造业、电子设备制造业、机械制造业、机电整合消费产品制造业等。就最终产品而言，离散制造业最终产品相对复杂，包含数量众多的组成零部件，零部件的装配需要遵循一定的结构、顺序、加工集成关系，物料种类多、装配过程复杂烦琐，零部件供货及装配产线出现任何细节问题都可能对产品的整体生产造成较大冲击，整体管理协调难度较大。

2. 离散制造业"链式"数字化转型典型案例：汽车制造业

（1）产业痛点

一是生产环节众多，管理难度大。各细分零部件的生产原料、生产工艺、生产周期等特征各不相同，不同零部件生产情况差异大，产品质量把控难，给企业带来了较大的管理压力。二是需与上下游企业进行深度协同，产业信息联通要求高。汽车制造需统筹协调各类生产要素，保障供应的稳定性，对企业间的协同合作提出了较高的要求。三是需要灵活调度产线产能，生产安排要求高。企业需及时跟进市场需求变化，考虑设备能力、产品交期等因素，对中小企业的排产、调配、协调能力提出了较高要求。

（2）代表性转型举措

第一，建设汽车生产管理系统，增强企业生产管控。建设企业生产管理系统，通过数据信息可视化、车间生产透明化推动全环节跟踪管理，实现订单追溯、产品追溯。使用仓储物流云、WMS 软件等进行智能仓储管理，实现物料出入库全过程控制。加强生产数据监测，通过参数优化、虚实同步等方式增强产品生产标准化，提高产品质量水平。构建企业数字技术底座，打通各部门各设备数据，打破信息孤岛，提升企业管理效率。

第二，建设产业链上协同平台，形成链上制造合力。建设产业链协同平台，推动链上企业生产、物流、仓储、研发协同，整合全产业链资源和能力，打造高效协同供需一体的产业生态体系。构建采购管理体系，健全供应商全流程管理，实现订单追踪、带量采购，提高交货及时率和采购效率，推动供应商协同。构建经销商管理体系，及时掌握制造商需求，拓展销售渠道，与渠道伙伴建立合作关系。

第三，及时跟进市场最新需求，优化产业产能调配。采集客户信息和销售数据，及时跟进市场变化，有效对接消费者需求。利用人工智能技术进行智能排产、生产调度，提高生产灵活度。建设链上产能共享信息平台，支持闲置或紧缺产能在线发布，提高行业产能利用效率。

（3）典型转型成效

一是帮助汽车生产企业对生产过程实现精细化管理、产品全生命周期管理，推动企业提质降本增效。二是有效解决信息孤岛问题，提高企业与上下游供应商、客户的协同效率，增强汽车链条协同。三是强化企业研发设计能力，加快关键核心技术攻关，补汽车产业短板，推动汽车产业高端化、国际化。

（二）流程制造业

1. 流程制造业情况概述

流程制造业原材料需按工艺顺序接续完成一系列的化学和物理变化，最终实现由原材料到半成品再到最终成品的转变，典型行业如钢铁、石油冶炼、化工、水泥、食品饮料、药品等。就产品而言，流程制造业的产品具有工艺上的承接性，产品生产过程由多个彼此接续或紧密关联的生产阶段组成，完成由原材料到半成品再到产成品的转变，其间还会出现联产品、副产品等。就企业而言，流程制造型企业生产的最终产品种类相对更单一，但往往涵盖了产品全生命周期，需要不同生产阶段间的高质量衔接。

2. 流程制造业"链式"数字化转型典型案例：钢铁产业

（1）产业痛点

一是生产工序连续，产线安全稳定要求高。单个工序的故障足以引起整个生产流程的中断，并可能带来巨额的经济损失，因此必须时刻掌握产线情况，对可能出现的故障问题进行及时预警和处置。二是部分中小企业生产粗放，技术水平有待提高。钢铁质量高度依赖于生产工艺水平，中小企业生产技术较差，投入产出比低、能源消耗高，需要改进生产工艺。三是涉及物料复杂，仓储调配难度大。钢铁生产过程所用原材料和产生的副产品、联产品和废料等物料的特性各不相同，采购、存放、生产等环节都要依据各类物料的特性进行动态调整。四是钢铁生产企业需要研判预测市场需求，化解过剩产能。中小企业的生产计划受市场影响较大，必须根据已有订单情况、市场分析与预测、产品库存等多方因素制订生产计划，最大限度化解过剩产能、提高生产效率。

（2）代表性转型措施

第一，强化设备生产监测管控，保障生产安全稳定。应用数字化技术对生产过程进行安全监测预警，及时发现并解决问题。加强对生产设备的实时监控，保障每一环节各设备处于安全运行状态，保证生产安全稳定。增加危险工作场景无人机器应用，使用机器人进行巡检，减少人力直接接触高危情况，降低作业风险。

第二，优化钢铁生产工艺参数，提高产品质量水平。运用数字化技术赋能钢铁生产参数优化，对产品缺陷进行自动识别评级与配套处置，提升产品的品质。增强质量检测及属性数据采集，并进行产品全生命周期管理。通过算法和模型提供资源消耗最优的参数，提高各生产设施能源使用效率。建设再生资源交易平台，推动废钢交易循环再利用。

第三，建设库区仓储物流系统，实现物料精细管理。创新应用数字云仓等新模式，实现仓库作业全流程监管。建设库区管理系统，推进库区可视可管可控，实现精细化物流管理。应用物料自动识别技术，统一录入管理产品标签信息，提供准确来料信息，衔接协同生产使用。

第四，打造供应采购交易平台，整合链上钢贸业务。建设钢铁供应链交易数字平台，整合和优化供应链过程中信息流、资金流、物资流。线上管理销售业务，提高采购项目透明度，降低人工成本和出错概率。整合中小企业采购零散需求，以大订单、大采购的形式提高议价能力、拓宽采购渠道。提供基础结算服务，保障交易安全透明。

（3）典型转型成效

一是促进钢铁供应链产业链企业优化整合，推动行业各方网络协同，加强了中小企业供应商与大型钢铁企业的沟通交流，拓展了中小企业市场销售渠道，有效削减采购成本。二是实现了企业业财一体化，提高了生产效率，降本增效，实现了产品下线到销售的全流程管理，产品信息可线上追溯，精简人力成本。三是有效降低资源和能源消耗，运用数字化技术实现生产工艺与技术的迭代优化，提升资源利用效率、优化生产工艺流程、提高物料再循环利用效率。四是实现产线自动化安全监控和自动化故障预测，保障员工安全和生产稳定。

四 "链式"数字化转型典型成效与不足

（一）"链式"数字化转型代表性成效

1.提高研发创新效率，技术攻关促补链

其一，数字化赋能协同研发，助力填补技术空白领域。通过运用数字化工具协同进行产品研发和设计，以数字化工具沉淀行业研发经验与基础知识，有力提升产业链研发设计整体效率。链上企业可共用研发基础设施、沉淀行业基础知识、减少重复研发投入、促进协同创新，有效降低研发设计成本与门槛，推动链上协同研发合力填补技术空白领域。通过运用数字化工具收集并整合企业产品和客户信息数据，形成产品设计标准库、组件库、知识库、专家库，帮助中小企业提高研发与设计能力，减少前期探索成本，提高中小企业快速响应市场需求变化的能力。

其二，数字化赋能产业重构，补齐缺失薄弱场景环节。通过产业链整体数字化重构精准识别产业链缺失薄弱环节或典型应用场景，准确识别补链重点，尤其是配套领域分类细、共性内容少、总产值低、技术突破难度大的具体细分环节或应用场景。链主企业带动实现产业链数字化重构，提高整体研发效率、提升研发质量、革新业务模式，补上产业链重点环节或应用场景的缺漏与不足。

2. 打通产业链上下游,强化协同促固链

其一,创新协作机制与模式,提升产业链供需匹配水平。运用数字化技术优化链上企业间协作机制与模式,提升协作效能、优化信用评价机制,监控链上大中小企业可能出现的各类征信风险,减少合作风险和业务隐患。利用人工智能等前沿技术进行企业间的物流仓储动态调度,兼顾精益生产和供应保障,有效降低物流与仓储成本、提高生产韧性。发挥线上平台对接展示功能,创新供需对接模式,增强中小企业对市场的预测能力,运用营销售后数据分析揭示客户需求及未来市场的潜在变化,提前布局业务转型。

其二,关键数据数字化监测,规避产业链潜在风险隐患。通过"链式"数字化转型强化对产业关键生产经营数据的监控,强化链主企业与链上中小企业间的生产与业务协同,运用数字化手段加强对产业链的监测管控,形成对影响供应链安全的关键环节风险因素的实时监测能力,实现风险预判和隐患识别预警,保障供应链稳定。在应对市场竞争和外部环境变化时促成产业链内部协调互助,运用数字化技术形成对产业链外来冲击的高效处置能力,降低产业链面临的风险和不确定性,稳定中小企业生产预期。

3. 优化生产经营体系,培育生态促强链

其一,改进生产管控体系,提升企业核心竞争力。推动链上企业运用数字化技术改进生产管控体系,突破产品质量提升瓶颈,对产品进行缺陷预测和改进分析,利用产品数据通过算法优化、建立模型等方式优化产品生产参数,推动链上中小企业实现工厂智能化升级,推进实现物料精确计划和车间智能排产,利用信息系统实现对产线工序的实时生产监控,提升设备利率,提高中小企业生产管控的效率和灵活度。

其二,培育优化转型生态,优化产业链资源配置。运用数字化技术整合各相关主体的优势转型赋能资源,培育繁荣的产业链数字

化转型生态，加强产业链资金流、人才流、物质流、信息流的联动协同，推动实现生产要素的更优化配置，提高上下游企业协作效率，形成符合产业高端化要求的供应链体系。构建起产业数字化生态，打造出产业数字化营销品牌，依托链主企业带动上下游企业转型升级，助力整体产业链提质降本增效，形成具有较强竞争力的产业集群。

（二）"链式"数字化转型面临的主要困难

大中小企业"链式"数字化转型是产业链上的"链主"与龙头骨干企业、数字化转型服务商等主体充分发挥在数字化技术与人才等方面的资源优势，创新数字化转型业态模式，实现链上大中小企业间高效协同与对中小企业的有效带动。但现阶段"链式"数字化转型在高效协同和有效带动两方面仍面临一些问题，具体如下。

1. 协同意愿与协同保障不足，高效协同难

一是数据与网络安全风险客观存在，相关的技术与法制保障仍待进一步健全。数据共享存在较大的潜在安全风险，可能泄露涉及企业商业机密的核心数据，可能因黑客攻击等影响企业正常生产经营，中小企业在协同推进"链式"数字化转型上存在顾虑，当下数据与网络安全相关技术与法制保障仍需进一步健全完善。二是企业间协同技术底座与协同解决方案仍待进一步建设优化，数据口径不统一导致信息缺乏互联互通条件。不同设备、不同系统、不同企业的数据口径不统一，数据单位、更新频率存在差异，数据难以高效汇集归纳统筹以形成合力，仍缺乏自主安全、先进规范、稳定可靠的服务平台底座。三是中小企业对数字化转型的潜在价值认识与必要性认识不足，伴随数字化转型的业务重构容易面临较大的变革阻力。相当一部分中小企业管理者和员工对数字化转型的理解片面或存在误区，认识不到数据共享的巨大潜在价值；此外，"链式"数字化转型也是管理体制的变

革，需要中小企业各部门协调推进业务重构及配套的人事调整，中小企业内部业务条线的重构变革、链上企业间业务合作模式的变革均可能面临较大的阻力。

2.产品、人才等供给不优，有效带动难

一是中小企业数字化转型仍缺乏便捷易用的产品与服务体系。数字化转型作为一项系统性工程，牵扯面广、复杂性高、规划难度大。目前市场上面向中小企业的数字化转型解决方案以通用型、普惠式为主，个性化、灵活化供给较少，且定制成本较高，更契合中小企业实际需求的小型化、快速化、轻量化、精准化解决方案供给仍存在不足。二是复合型人才短缺。既有编程基础并掌握数字化技术，又懂制造业的垂直行业知识，还具备企业管理和领导综合能力的复合型人才目前奇缺，短期内依靠高等院校、科研院所培养出大批人才满足市场需求的难度很大。三是老旧设备改造带来了较大的资金压力。部分老旧设备在数字化转型过程中难以进行数字化改造，需要对企业原有的软硬件底座进行大幅度更新甚至推倒重来，而中小企业往往不具备短时间内重新建立起能够同时支撑转型和生产的底座基础和财力基础。数字化转型作为长期工程，需要持续投入并不断更新迭代，这对中小企业产生了巨大经济负担。

五　对策建议

（一）强化央地政策支持引导，统筹推进"链式"转型

一是发挥好中央和地方的两个积极性，加强对中小企业数字化转型创新模式的发掘与培育、规划引导与政策支持，提高对中小企业数字化转型资金补贴、税费优惠额度，依托中小企业数字化转型城市试点工作，引导各级地方政府加强对中小企业数字化转型工作的谋划与

支持力度。二是优先鼓励重点产业链建设完善数字化供应链体系，引导产业链上中小企业接入数字化供应链，实现关键生产与运营数据的互联互通；鼓励重点行业建设完善行业级工业互联网平台，以工业互联网平台为载体，汇聚全国层面的各类转型支持要素，发展中央工厂、共享制造等创新模式，有效提升生产要素使用效率和产业链上企业协同水平。三是建设并优化"链式"数字化转型标杆示范培育与遴选机制，常态化开展"链式"数字化转型标杆范例发掘推广，面向不同行业与不同领域分级分类培育一批"链式"数字化转型标杆示范，精准匹配推广并高效复用转型成功经验。四是构建多层次公共服务平台与数字化转型促进中心体系。支持试点城市构建公共服务平台，汇聚技术、资金、人才等各类创新资源，建立公共服务平台梯度培育模式，推动不同类型或不同领域平台间的共享合作。围绕重点行业打造中小企业数字化转型促进中心，开展政策宣贯、人才培养、供需对接等重点工作，支撑地方政府开展咨询服务，促进标准研制、验证与落地应用。五是强化数据要素驱动。优化转型技术、法制、模式保障，创新运用区块链、人工智能等前沿技术加快数据与网络安全技术研发攻关，进一步完善数据与网络安全法制建设，推动相关法律宣贯落实，探索创新网络安全保险等数据与网络安全保障机制与保障模式。

（二）调动服务机构资源力量，降低企业转型门槛

一是大力培育咨询型服务商、集成型服务商、产品型服务商，培育平台型、通用型、行业型服务商，引导数字化服务商优化中小企业数字化转型服务供给，鼓励数字化转型服务商推出小型化、轻量化、快速化、精准化的数字化转型产品和方案，提供可供中小企业自行选择的模块应用，降低转型资金门槛，减少转型中不必要的资源浪费。二是支持服务商加快建设数据转接统一底座，提供适用于不同接口、

协议、格式的数据设备和应用系统，促进行业间、企业间不同类型数据互联互通，推动链上数据共享，为"链式"转型筑牢技术基础，通过提供开发工具、开发环境和微服务组件，吸引第三方开发者开发形成一系列面向特定领域、特定场景、特定功能的创新型工业应用。三是鼓励服务商提供长期陪伴式服务，培育数字化转型咨询服务机构，提供数字化转型咨询服务，在中小企业本身缺乏数字化转型人才的情况下临时补上相关人才缺口，辅助中小企业全流程数字化转型，帮助企业持续更新数字技术设备，形成指导企业深化数字化转型长效机制，展现"链式"数字化转型长期收益。

（三）发挥链主龙头带动作用，提高"链式"转型效能

一是积极支持产业链龙头骨干企业与数字化转型服务机构协作搭建"链式"数字化转型技术、机制、模式等合作基础，革新优化协同转型模式，发挥好链主龙头企业的示范、引领、带动作用，以点带面、以强带弱推动链式转型。二是鼓励链主龙头企业向链上企业开放数字化平台，分享产业先进共性技术，帮助中小企业渡过数字化转型高投入、低收益的初始起步阶段，降低中小企业转型风险，构建合作伙伴生态。三是建设产业链交流互通协同机制，通过生产协同、物流协同、销售协同等方式推动中小企业更好融入整体产业链，鼓励中小企业充分利用链主龙头企业开放供销资源、学习生产经营先进经验，发挥链式转型网络效应和规模效应。

（四）稳步推进企业改造变革，提升转型意识能力

一是引导鼓励中小企业内部成立数字化转型工作组和负责部门，按照部门和环节分阶段开展生产设备和管理系统的有序迭代，统筹企业内部生产要素、协调企业间协作资源，推动企业内部加快变革，最大限度减少软硬件迭代对企业正常生产的干扰。二是切实增强中小企

业数字化转型意识，持续推进中小企业数字化转型培训体系建设，加强中小企业工作人员数字意识和素养培训，建设中小企业数字化转型实训基地等推进转型的线下载体。三是组织中小企业开展参访学习，实地考察转型成功的先进企业，深度体会数字化转型的目的、做法、效果，并结合自身实际制定合理有效的转型规划。

（五）构建良好转型生态体系，增强转型要素保障

一是做好中小企业数字化转型政策宣贯工作，营造全社会关注中小企业数字化转型的良好氛围，调动各方力量参与中小企业数字化转型建设，加快构建链式数字化转型生态。二是拓宽中小企业转型融资渠道，引导金融机构创新设立产业链数字化改造专项贷等产品，引导金融活水精准灌溉"链式"转型，持续优化中小企业营商环境，提升面向中小企业的政务服务水平，精简中小企业转型业务协同相关审批流程。三是加强中小企业数字化人才建设，校企合作构建兼通数字技术和行业特征的复合型人才培养体系，提高数字化人才待遇，为链式转型提供长期人才支撑。

参考文献

中国工业互联网研究院、国家工业信息安全发展研究中心：《中小企业"链式"数字化转型典型案例集（2022 年）》，中国工业互联网研究院官方网站，2023 年 11 月，http：//caii-sme. indusforce. com/#/casedisplay。

中国工业互联网研究院、国家工业信息安全发展研究中心：《中小企业"链式"数字化转型典型案例集（2023 年）》，全国中小企业数字化转型服务平台，2023 年 10 月，https：//zjtx. miit. gov. cn/szhzx/gotoChain. pdf。

B.5
中小企业数字化转型城市试点推进进展及典型做法

王子贺*

摘　要： 为深入贯彻落实党中央、国务院关于支持中小企业创新发展、加快中小企业数字化转型系列决策部署，2023~2025 年，财政部、工业和信息化部拟分三批组织开展中小企业数字化转型城市试点工作。本项工作旨在准确把握中小企业数字化转型面临的痛点难点，充分调动地方积极性，统筹各类资源优化供给，降低数字化转型成本，以数字化转型为契机提高中小企业核心竞争力，激发涌现更多专精特新中小企业，促进实体经济高质量发展。本文基于我国中小企业的数字化转型现状和背景，详细分析了我国东部地区、中部地区、西部地区和东北地区第一批共 19 个试点地区的相关进展和做法，并结合实际从政府角度、中小企业角度、服务机构角度、学研金角度提出对策建议。

关键词： 中小企业　数字化转型　数字经济

---

* 王子贺，国家工业信息安全发展研究中心保障技术所助理工程师，主要研究方向为中小企业数字化转型、中小企业发展促进。

一 中小企业数字化转型城市试点研究背景

（一）我国中小企业数字化转型面临的形势

1. 存在的机遇

中小企业数字化转型面临赋能创新发展、提质降本增效、公共政策扶持、供给侧优化等相关机遇。

一是技术创新赋能发展。人工智能、大数据、云计算、物联网等新兴技术的应用，帮助中小企业实现业务流程优化、产品创新、市场拓展等方面的突破。中小企业可通过数字化转型提升创新能力，推动业务模式和产品的升级。二是工具赋能提质降本增效。应用数字化工具和技术，可优化生产流程、提高生产效率，降低人力成本和物料成本。还可以改善供应链管理、优化物流配送等。三是政府高度重视。政府出台了一系列支持政策和措施，包括提供财政支持、鼓励科技创新、加强数字基础设施建设等，帮助中小企业获取资金支持、技术培训和市场机会。

2. 面临的挑战

中小企业数字化转型面临转型意识不足、发展基础薄弱、人员资金匮乏、数据安全等相关挑战。

一是缺乏数字化转型思维。中小企业对数字化内涵理解不够，对数字化转型优势与必要性认识不足，对数字化转型措施实施不充分。二是关键基础能力不足。从数字化转型相关指标来看，中小企业的数字化装备占比、信息系统覆盖率和设备联网率均具有较大提升空间。一些中小企业缺乏必备的信息化应用基础，制约了核心数字技术供给。三是技术人才资源匮乏，资金投入压力较大。现有从业人员在学历水平、知识水平和专业技术能力等方面都存在一定短板。中小企业融资贵、融资难问题尚未得到充分纾解，筹措数字化转型资金存在较大压力。四是面临数据安全风险。在数字化转型过程中，中小企业很难承担专业的安全保障服务成本，生产、经营、服务等方面的各类数据面临数据安全等方面的风险。

（二）政策背景

2022年，财政部、工业和信息化部印发《关于开展财政支持中小企业数字化转型试点工作的通知》，提出从2022年到2025年，中央财政计划分三批支持地方开展中小企业数字化转型试点，提升数字化公共服务平台服务中小企业能力，打造一批小型化、快速化、轻量化、精准化的数字化系统解决方案和产品，形成一批可复制可推广的数字化转型典型模式，围绕100个细分行业，支持300个左右公共服务平台，打造4000～6000家"小灯塔"企业作为数字化转型样本，带动广大中小企业"看样学样"加快数字化转型步伐，促进专精特新发展。

2023年6月，财政部、工业和信息化部印发《关于开展中小企业数字化转型城市试点工作的通知》，拟于2023～2025年分三批组织开展中小企业数字化转型城市试点工作。要求试点城市应为地级市及以上，各地应优先选择基础条件好、改造潜力大、实施方案切实可行、示范带动性强的城市推荐至两部门，两部门组织专家进行竞争性评审，并兼顾东中西区域分布确定试点城市。2023年先选择30个左右城市开展试点工作，以后年度根据实施情况进一步扩大试点范围。

通过开展城市试点工作充分调动地方积极性，统筹各类资源优化供给，把握中小企业数字化转型面临的痛点难点，降低数字化转型成本，提高中小企业核心竞争力，从而激发涌现更多专精特新中小企业，促进实体经济高质量发展。

通过开展城市试点和地方政府综合施策，探索形成中小企业数字化转型的方法路径、市场机制和典型模式，梳理一批数字化转型细分行业，打造一批数字化转型"小灯塔"企业，培育一批优质的数字化服务商，开发集成一批"小快轻准"（小型化、快速化、轻量化、精准化）的数字化解决方案和产品，通过示范带动、看样学样、复制推广，引导和推动广大中小企业加快数字化转型，全面提升中小企业数字化水平，促进数字经济和实体经济深度融合。

通过开展城市试点，鼓励试点城市先行先试，有效探索支持中小企业数字化转型的模式，形成可复制、可推广的经验，因地制宜、循序渐进予以示范推广，实现"试成一批、带动一片"，放大规模效应、提升政策效能。

（三）我国中小企业数字化转型现状分析

1. 转型方向不明确

中小企业从数字化实施到数字化转型实现往往需要 7~9 年，投资见效慢、周期长。大多数企业抱着 3~6 个月显著实现销售增长、降本增效的目标，用传统的绩效指标来衡量转型效果，对数字化转型试错容忍度较低。部分企业找不准业务场景与数字技术应用的结合点，"孤岛式"盲目部署数字化，缺乏长期的战略设计，各经营环节覆盖远滞后于大企业。

2. 转型态度不坚定

在长期的市场竞争中，企业大多形成了成熟且固化的业务模式、经营管理理念，并拥有一定的市场份额等，畏惧数字化转型失败带来的不确定性。存在技术挑战强、资金投入量大、短期收益低、转换成本高、业务再造难、试错风险大、短期效益不明显，以及缺乏先进经验和适用方案少等问题。

3. 组织架构偏管理

我国中小企业数字化发展总体上偏重于"组织数字化"基础的

层面，而技术含量更高的数字技术应用方面的"业务数字化"和"产业链数字化"仍有很大的提升空间。

4. 资金和人才不足

中小企业数字化转型需要资金和人才支持。在资金方面，政府提供了一定的财政支持和融资渠道。同时，银行和风投机构也在积极支持中小企业的数字化转型项目。人才方面，虽然有一些高校和培训机构提供相关培训，但中小企业仍面临人才短缺的问题，特别是缺乏具备数字化技术、管理和创新能力的人才。

5. 转型和业务脱节

当前，多数中小企业数字化停留在运用于产品营销、市场需求预测等小部分企业生产经营活动中，没有基于自身业务需求去运用数字化场景，盲目跟风新技术、参考数字化转型案例，变成以技术为中心的"装备党"。大多数企业数字化普及率、核心环节数控化率仍然偏低，数字技术助推作用并不显著。

二 第一批中小企业数字化转型城市试点相关进展

工业和信息化部、财政部公布第一批中小企业数字化转型试点城市，包括苏州、东莞、宁波、厦门、合肥、武汉、青岛、南昌、上海浦东新区、福州、长春、沈阳、大连、南宁、济南、太原、石家庄、郑州、长沙、成都、天津滨海新区、重庆渝北区、昆明、杭州、北京昌平区、深圳、榆林、哈尔滨、兰州、海口等30个市（区）。

（一）东部地区

东部地区第一批试点城市包括北京昌平区、天津滨海新区、石家庄、上海浦东新区、苏州、杭州、福州、厦门、济南、青岛、东莞、海口。

1. 石家庄市：试点城市启动大会顺利召开

2024 年 2 月 29 日，石家庄市中小企业数字化转型试点城市启动大会顺利召开。石家庄市将聚焦生物医药制造业、新一代电子信息制造业、先进专用设备制造业、现代食品制造业四个细分行业，以规上企业为重点，兼顾规下专精特新（含创新型）中小企业，利用两年时间，对 605 家试点企业进行数字化改造，实现规上企业数字化二级及以上占比达到 94% 以上，规下企业数字化二级数量有明显提升，打造链式转型典型案例 8 个，建设智能工厂（数字化车间）20 个，培育"小灯塔"标杆企业 30 家，推动试点企业上云用云 350 家，积极探索中小企业数字化转型的方法路径、市场机制和典型模式，辐射带动全市中小企业加快数字化转型。

2. 杭州市：积极打造全国中小企业数字化转型的"杭州模式"

杭州市积极打造全国中小企业数字化转型的"杭州模式"。杭州市聚焦汽车零部件、生物医药及健康、通信设备制造 3 个细分行业，将推动 550 家企业实施数字化改造提升，计划到 2025 年试点行业规上中小企业改造覆盖面达 90%，改造后的企业数字化水平全部达到二级及以上。

杭州重视培育发展数字工程服务行业，目前已拥有近 800 家数字工程服务商。2023 年，杭州制订出台首个发展数字服务产业三年计划，组织实施数字工程服务生态伙伴计划。入围城市试点后，杭州第一时间在全国范围内遴选了 8 家总包服务商、52 家试点服务商、90 家试点培育服务商，为中小企业数字化转型提供服务支撑。通过积极组织多场交流对接活动，杭州市与中小企业共同寻找数字化转型路径，与数字工程服务商面对面展开需求对接。

3. 北京市昌平区：力争2025年数字化二级水平企业占九成

2023 年 11 月 3 日，北京市昌平区中小企业数字化转型城市试点正式启动。到 2025 年，昌平区要完成 557 家企业改造。其中，规模以上企业达到数字化二级水平的占比要达到 90%。昌平区将充分利用中央财政的资金支持，重点扶持生物医药制品及器械制造业、智能装备及零部件制造业，培育一批数字化服务商、树立数字化转型标杆企业、打造优质"小快轻准"解决方案、推动全行业复制推广链式转型，最终实现试点行业数字化水平跃升、促进数字经济和实体经济深度融合。

4.深圳市：预计到2025年推动全市规上工业企业全部实现数字化转型

深圳市现有规上工业企业 1.3 万家，提供了海量的数字化转型应用场景。同时，深圳拥有良好的通信基础设施，已累计建成 5G 基站6.5 万个，已建成、在建近 10 个工业互联网二级解析节点。瞄准制造业数字化新风向，深圳全面启动制造业数字化转型，预计到 2025年推动全市规上工业企业全部实现数字化转型。

5.福州市：启动中小企业数字化转型试点

福州市中小企业数字化转型试点城市实施工作启动会在长乐区举行。福州市工信局相关工作人员对福州市试点城市工作进行了详细的解读。会议期间还举行了数字金融赋能中小企业数字化转型专项行动倡议签约仪式，多家金融机构签署了合作协议，共同推进数字化转型进程。

6.厦门市：召开中小企业数字化转型试点城市政策宣贯暨供需对接会

2024 年 1 月 23 日下午，厦门市工信局联合同安区政府组织召开中小企业数字化转型试点城市政策宣贯暨供需对接会。各区工信部门、火炬管委会、数字化服务商及试点企业代表超 170 人参会。会上解读了《厦门市中小企业数字化转型试点工作方案》，详细介绍了企业数字化转型的实施计划及系列政策资金奖补措施，引导企业用好用足数字化转型政策，还针对厦门市中小企业数字化转型创新体验中心进行了全面的介绍。现场还举办了数字化转型供需对接会，参会企业与乐石科技、用友网络等超 30 家优质数字化转型服务商就企业现况、发展需求等方面对接洽谈，多家试点企业与数字化服务商达成合作意向。

7. 宁波市：召开全市推进新型工业化大会

宁波市推进新型工业化大会暨中小企业数字化转型、"2070"工业集聚区建设现场会召开。与会同志分三组进行了现场考察学习。会上通报了推进新型工业化、国家中小企业数字化转型城市试点和"2070"工业集聚区建设情况。慈溪市、宁海县、舜宇集团、云聚智铱公司和张东晓院士作交流发言。

8. 青岛市：召开新闻发布会介绍工作推进情况，举办专题培训

活动现场进行了中小企业数字化转型有关政策解读及活动计划发布，邀请了青岛市部分企业现身说法，分享企业数字化转型成功案例。

9. 东莞市：公示数字化牵引单位名单

东莞市工业和信息化局组织开展东莞市中小企业数字化转型试点城市（国家级）数字化牵引单位遴选工作。经企业申报、形式审查、项目审核等流程，将东莞市中小企业数字化转型试点城市（国家级）数字化牵引单位名单予以公示。

（二）中部地区

中部地区第一批试点城市包括太原、合肥、南昌、郑州、武汉和长沙。

1. 太原市：打造老工业基地数字经济发展"太原模式"

太原市将在两年试点期内，完成五大细分行业 459 家中小企业数字化改造任务，树立一批数字化转型试点样本，培育一批数字化转型标杆企业，开发一批优秀中小企业数字化改造"小快轻准"解决方案，探索中小企业数字化转型的方法路径、市场机制、典型模式，打

造具有特色的中小企业数字化转型"太原模式"。5个试点细分行业分别为重大成套设备制造行业、先进钢铁材料制品制造行业、智能电力设备制造行业、智能关键基础零部件制造行业、非金属新材料制造行业。

2. 长沙市：试点工作启动大会成功举行

2024年2月29日，长沙市中小企业数字化转型城市试点工作启动大会成功举行。大会现场发布了行业推进机构、集成服务商、生态服务商名单，介绍了长沙市中小企业数字化转型服务商体系，并为中国工业互联网研究院湖南分院等4家行业推进机构及28家集成服务商授牌。长沙市重点细分行业包含工程机械、先进计算、生物医药和烟花鞭炮。

3. 合肥市：加强人才要素供给，推进企业"链式"数字化转型

合肥市提出强化中小企业数字人才保障，会同华为、合工大等企事业单位打造数字化转型人才培训基地，每年吸引各类数字产业毕业生超5万人，为中小企业培育专业人才1万余人。聚力增强企业数字化转型意识，持续拓展"智赋合肥"培训活动，累计2000余家企业、上万人次参加。

合肥市搭建跨领域跨行业的国家级"双跨"平台——羚羊工业互联网平台。通过此平台，软件服务商产品、政府补助信息等都可以快速实现供需对接，有效解决中小企业数字化转型中面临的信息不对称问题。

4. 南昌市：召开启动大会与试点城市建设调度推进会

2024年3月6日下午，南昌市中小企业数字化转型启动大会顺利召开。会上围绕"做好工作谋划、加强政策扶持、开展系列活动、建立监测体系"四个方面介绍了南昌市中小企业集群式数字化转型整体推进情况，并提出推动企业改造、紧抓任务落实、加强示范推广、落实监督验收等工作打算。华为、易美光电、中信银行、民生银

行、南昌县政府等代表分别作了典型发言。

江西省工业和信息化厅、财政厅召开南昌市中小企业数字化转型试点城市建设调度推进会。会议提出要加强省市县协同配合，共同推进南昌市中小企业数字化试点城市建设工作。

5. 武汉市：举办中小企业数字化转型"启航"大会

武汉市举办中小企业数字化转型"启航"大会，中国工程院院士李培根围绕中小企业数字化转型的路径、工具、方法作了主旨演讲。国家工业信息安全发展研究中心和武汉市中小企业发展促进中心主要负责同志，分别解读了国家中小企业数字化转型政策和武汉市中小企业数字化转型试点实施方案。

大会发布了武汉市中小企业数字化转型服务商名单，启动了全市中小企业数字化转型工作。武汉市经济和信息化局还分别与中国信息通信研究院、国家工业信息安全发展研究中心等国家智库单位，以及中国银行、中国工商银行等金融机构签约。截至 2023 年 11 月，中国银行湖北分行、中国工商银行武汉分行、中信银行武汉分行、汉口银行等 4 家银行，累计为中小企业投放贷款 1415.89 亿元，以金融之力赋能武汉市中小企业高质量发展。

（三）西部地区

西部地区第一批试点城市包括南宁、成都、重庆渝北区、昆明、榆林、兰州。

1. 重庆市渝北区：启动创建中小企业数字化转型试点城市

2023 年 11 月 15 日，2023 中小企业数字化赋能全国行（重庆站）渝北区专场暨渝北区中小企业数字化转型试点城市创建启动仪式在重庆市渝北区举行。渝北区以创建中小企业数字化转型试点城市为契机，将扎实推进汽车零配件、智能装备、消费电子、服装及其他日用品等四个细分行业方向试点，计划到 2025 年改造企业 350 家以上，规上企业转型覆盖率超 90%，试点企业数字化水平达到二级及以上，转型能力、服务水平、服务体系取得显著成效，并辐射带动其他主导产业的数字化转型，进而构建产业新生态，形成发展新优势。

2. 昆明市：推动不少于400户企业数字化转型

2023 年 12 月，昆明市中小企业数字化转型试点工作领导小组第一次会议审议通过《昆明市中小企业数字化转型试点城市行动方案（2023—2025 年）》《昆明市中小企业数字化转型试点城市组织架构方案》《昆明市中小企业数字化转型促进中心认定管理办法（试行）》等文件，明确试点工作任务和各方职能。昆明市计划在 2024~2025 年两年试点期内，推动改造中小企业不少于 400 户、建设数字化车间及智能工厂不少于 18 个。昆明市先期聚焦化学新材料、高原特色电力装备、民族药、化学药、绿色食品制造 5 个试点细分行业，按照"连点成线、以链织面、体面融合"的模式试点一批、总结一批、推广一批，逐步构建昆明中小企业数字化转型的公共服务体系和数字化转型产业生态。在试点基础上提炼形成可复制、可推广、可持续的"昆明模式"。

3. 榆林市：遴选330家试点改造企业

聚焦试点总体目标，榆林成立了由市委、市政府主要领导牵头、各相关部门主要负责人参与的"中小企业数字化转型城市试点"工作专班，举全市之力打造全国能化产业数字化转型试点样板。按照市委、市政府"1236"工作思路，榆林市工信局坚持一条实施主线，依托两大市场主体，聚焦三大行业，把煤炭加工业、基础化学原料制造业、镁冶炼业等三个细分行业纳入试点改造范围，并遴选 330 家试点改造企业，利用链主企业的平台能力和数字化设施，支撑落地一批"小快轻准"的数字化服务和产品，同时充分发挥大型工业园区大企业吸引中小企业的聚集效应，建设共享型硬件基础设施、工业互联网数字底座，并提供行业数字化转型解决方案，进一步推动完成企业数字化改造、中小企业上云用云、完善数字化转型服务体系等六项试点目标任务。

4. 兰州市：遴选458家中小企业开展数字化转型改造

经调研摸底，兰州市工信局基于国家战略需求、产业集聚水平、科技创新发展、区位特色优势及行业转型迫切程度等考虑，选择将精细化工、特色食品制造、生物医药制造、有色金属制品制造、通用零部件制造、石油化工专用设备制造、绿色建材制造等7个细分行业纳入试点改造范围。下一步，兰州市工信局、市财政局将联合各县（区）政府按照"12345+N"总体思路，两年内分批推进7个细分行业的458家中小企业开展数字化转型改造，力争到试点期末打造"小快轻准"解决方案54个，实现中小企业上云用云210家，建设智能工厂（数字化车间）11个，培育转型标杆企业23家，培育"链式"转型典型案例9个，新培育"专精特新"企业35家，打造数字化转型赋能平台6个。通过试点，探索形成西北地区中小企业数字化转型的有效模式，形成可复制、可推广的经验，循序渐进予以示范推广，实现"试成一批、带动一片"的目标。

（四）东北地区

东北地区第一批试点城市包括长春、沈阳、大连、哈尔滨。

哈尔滨市：中小企业数字化转型大幕拉开。2024年1月9日，哈尔滨市中小企业数字化转型城市试点启动仪式暨专题培训活动举行，市委常委、副市长栾志成出席启动仪式，哈尔滨市中小企业数字化转型建设工作正式拉开大幕。哈尔滨市确定航空航天设备制造业、电气装备制造业、锅炉及原动力装备制造业、药品生产制造业、食品精深加工及食品制造业5个行业作为转型试点行业，明确452户拟改造目标企业。哈尔滨市将在每个细分行业遴选设备先进、技术成熟的代表企业，给予政策倾斜和技术指导，带动行业内更多企业进行数字化改造。各链主企业将有机连接上下游企业之间的技术标准，打造行业互联网平台，支持和推动行业间技术、设备、资源共享。

三 中小企业数字化转型城市试点的典型做法

（一）各地典型做法

1. 健全工作制度，系统推进改造实施

宁波市制定《宁波市推进中小企业数字化转型城市试点建设实施意见（2023—2025年）》，明确工作目标、实施内容和实施流程，体系化推进试点实施。一是厘清数字化改造清单。二是凝聚智改数转合力。三是畅通供需精准对接。四是遴选数字化改造总承包商及支撑服务机构。五是优化企业发展生态。

2. 聚焦优质企业，全面摸排企业需求

浦东新区参照中小企业数字化水平评测指标，结合实际情况，制定中小企业数字化水平评估现场诊断整套模板文件，为后续现场诊断提供标准依据。诊断由诊断服务商牵头，改造服务商和综合服务商共同参与，并将诊断结果实现线上管理，结合诊断需求给试点企业推荐优质服务资源，促进诊改联动。渝北区制定《重庆市渝北区中小企业数字化诊断服务及转型共性需求调研工作实施方案》，率先在全市开展数字化诊断评估行动。选取了7家诊断服务机构，对辖区376家规上和专精特新中小企业进行"线上+线下"全覆盖诊断评估。已形成企业诊断调研报告302份、行业报告4份，初步梳理共性需求75个、个性需求29个，征集共性方案39个、个性方案21个。通过全面诊断摸排的结果分析，进一步摸清了试点企业数字化基础和改造预期，明确了试点工作实施路径。武汉市推出诊断咨询服务商试点工作"全流程陪伴"机制，以诊断咨询服务商为抓手，通过政府购买服务

形式，要求诊断服务商站在试点企业"立场"，摸清转型痛点、提炼转型需求、对接转型服务、评价转型成效，在试点工作结束后，辅助试点企业对接验收机构，高效开展试点验收工作。在此过程中，试点企业可对诊断服务商进行满意度评价，确保实现改造成效。

3. 结合产业特征，促进链式企业转型

合肥市基于产业结构的"链状"特性，建立具有合肥特色的行业总包模式，充分发挥龙头企业及综合服务商积极性，编制试点行业中小企业数字化转型共性+个性解决方案，建立"小快轻准"共性应用资源池并由政府重点推介，个性化产品则由试点企业结合自身需求市场化选择。依托"1+4"公共服务平台体系，以"平台集成共性应用，应用汇聚企业数据"为路径，建立合肥市试点行业数据库及政府管理数据库，推动数据要素登记确权交易。通过"智"的提升、"数"的汇聚、"链"的优化、"人"的转型，打造"共性与个性互补，实体与数据相映"的合肥模式。长沙市以"链式"转型促进行业协同发展，现已基本确立各行业"链式"赋能模式——工程机械行业打造"产业集群+三一中联"协同转型模式，先进计算行业打造"中电互联+中小企业"带动式链式转型模式，生物医药行业打造"九芝堂"龙头带动转型模式，烟花鞭炮行业打造平台推动的链式转型模式，通过"链式"带动，实现细分行业协同发展。厦门市组织电子器件制造、输配电及控制设备制造、医疗仪器设备及耗材制造等十余家细分行业链主企业召开座谈会，摸排"链式"共性需求和个性需求，目前已完成100余家企业诊断工作。

4. 探索长效机制，构建创新赋能载体

武汉市探索建设实体化中小企业数字化转型创新中心，打造推动中小企业数字化转型的长效机制。创新中心拟瞄准"武汉市中小企业数字化转型产业大脑"建设目标，线上运营武汉市中小企业数字化转型公共服务平台，线下打造政策咨询、成果展示供需对接、人才

培训、产业服务、投资融资、市场共营等服务功能，通过"平台+载体"双轨并行，加快推动武汉市中小企业数字化转型，实现武汉市中小企业数字化转型工作"摸得清、看得见、转得好、可持续"。创新中心拟采取"政府牵头、社会参与"的方式，由区级政府牵头、市经信局指导，并联合国家智库单位、行业龙头企业、数字化转型服务商等多方主体共同建设运营。目前江汉区、江岸区、硚口区、汉阳区等正在积极编制创新中心建设方案。

5. 培育转型生态，强化转型技能培训

苏州市召开能力评估启动会、中小企业数字化水平评测专题培训班、试点工作宣贯会、网络安全培训会等，为试点企业解读中小企业数字化能力评估项目，帮助服务商及试点企业精准把握数字化转型的重点和方向，向重点中小企业代表宣贯政策，针对"数据安全风险大"的痛点难点问题开展专题培训。福州市举办数字专员人才培训班，通过理论讲授、案例分析、平台演示、实战演练、参观调研等多种教学手段，让学员掌握企业数字化转型相关技能，力争培养建立一支1000人左右的数字专员队伍。兰州市邀请高校及科研院所专家、数字化转型标杆企业代表、服务商代表组建了宣讲团队，已拟定宣贯培训方案，计划分行业、分批次对试点企业开展政策宣贯培训。武汉市将试点工作与"武汉市数字化转型'启航'计划"充分融合，开展技术培训及供需对接活动，带动企业信息技术部门参与数字化转型学习及分享。启动"万企育才"培训，对中小企业高管人员及重点培养的业务骨干进行培训，帮助企业信息技术人才提升竞争力。同时，将相关政策融入市服务专员培训课程，培训近500名服务专员。南昌市邀请专家对企业授课，由企业代表分享数字化转型的成效和经验，发放《南昌市中小企业数字化转型城市试点工作应知应会》手册。

（二）城市试点案例：石家庄

自获批中小企业数字化转型城市试点以来，在工信部和省工信厅的大力指导下，石家庄市围绕"五个聚焦"努力探索中小企业数字化转型的方法路径、市场机制和典型模式，着力打造"中小企业数字化转型石家庄样板"。

1. 政策举措

聚焦"服务+渠道"，发挥政府效能。石家庄市中小企业数字化转型工作领导小组和工作专班持续发力，系统推进城市试点工作。市长恳谈会+《市长面对面》通过座谈听取中小企业实际需求。转型服务商与中小企业共同进行供需两端一体调研，围绕"如何促进中小企业数字化转型"开展专题调研。多次走访优质数字化赋能服务商，了解相关服务产品及"小快轻准"解决方案典型应用情况、实施路径以及经验做法；调研产业链供应链"链主"企业，了解推动"链式"转型和产业链上大中小企业融通发展情况及发展方向。

聚焦"资源+供给"，优选赋能资源。严标准高要求遴选优质资源。制定印发《中小企业数字化转型咨询诊断服务商和行业优选服务商遴选及评分标准》等文件，在全国范围公开公正征集遴选赋能服务商及产品。组织专家通过材料初审、现场答辩竞选的方式评选出一批行业知识积累深、工程实施能力优和行业服务生态强的咨询评测优选服务商、行业优选服务商，并建立赋能服务资源池，为试点企业提供最优质的数字化服务。

聚焦"主体+计划"，明确改造任务。分行业有重点地推进试点任务。制定实施《关于做好中小企业数字化转型试点企业遴选工作的通知》，聚焦生物医药、新一代电子信息、先进专用设备、现代食品4个重点制造业行业，分县（市、区）下达规上、规下企业改造任务。发布《石家庄市中小企业数字化转型试点城市企业项目申报指南》，对试点企业项目申报就培育范围和目标、申报条件、程序以及标准规范等方面做出具体要求，明确转型重点任务及改造时限，按照"成熟一批、改造一批、验收一批、奖补一批"的原则，组织试点企业转型改造。

聚焦"平台+赋能"，提升服务能力。市区两级协同联动，多层级开展平台赋能。市级层面，建设中小企业数字化转型赋能平台，为中小企业提供一站式服务载体，平台已完成功能搭建并进行内部试运行。平台能够提供诊断评估、转型规划、政策资讯推送、实施改造等数字化赋能服务，支撑中小企业线上项目申报备案、标杆范例遴选、转型成效动态跟踪、奖补资金申报等全流程工作。区级层面，石家庄高新区建设面向中小企业数字化转型的 SaaS 平台，在产品、技术、服务等方面为中小企业提供低价高效的定制化服务，显著降低企业采购成本，推动试点企业加速转型。

聚焦"生态+培育"，开展培训对接。一是组织召开全市中小企业数字化转型启动大会。会上对城市试点工作进行深入解读，公示转型目标，解析奖补规则，提出推进思路，并邀请业界知名专家围绕中小企业数字化转型方法路径开讲授课，部分企业与服务商现场签约。二是分行业组织召开供需对接会。按四个重点行业分别组织开展数字化供需对接会，鼓励引导试点企业根据自身需求对接服务资源，推动优选服务商为试点企业提供转型服务。三是积极开展专精特新中小企业培育工作。

2.具体案例

君乐宝乳业集团乳制品全产业链管理平台助推上下游中小企业数字化转型。针对乳制品企业小散弱、行业数字化程度不高、数据无法互联互通等问题，君乐宝乳业集团充分利用人工智能、大数据、云计算等新一代信息技术，建设乳制品全产业链管理平台，涉及奶源管理、智能制造生产、仓储物流管理、销售市场管理等各个业务板块，涵盖社会牧场、辅料包材供应商、经销商等 8352 家上下游企业，平台年交易额超百亿元。同时，围绕企业精细化运营，建设会员大数据中台，实现消费者的精准服务。

主要采取如下举措。其一，支持供应链企业上平台。君乐宝乳业集团积极对接产业链上下游中小企业支持其进入全产业链管理平台，推动上下游中小企业内部管理向科学化和精细化方向发展。其二，数据共享推动企业转型。依托平台，君乐宝乳业集团带动链上中小企业打通所需环节数据链条，引导链上中小企业数字化转型，为乳品加工产业链各环节提供精细管控的高效决策，形成可推广的全产业链一体化数字化转型模式。

同福集团中央厨房工业互联网平台为链上中小企业数字化改造提质增效。面对中央厨房与餐饮门店之间信息协同难、配送效率低等问题，同福建立中央厨房工业互联网平台是同福集团业务拓展的战略举措。通过工业互联网平台项目建设，实现人、设备、物料、产线、订单、产品、供应商、客户、财务等全要素、全流程、全产业链、全价值链的体系化、数字化、智能化管理，能够更好地助力企业降本增效、提质降耗，提升产品质量，提高综合管理水平和市场竞争力，并推动上下游相关企业信息互通与资源共享，拉动链上企业进行数字化改造。

主要采用如下举措。其一，加强中央厨房信息化改造。通过中央厨房工业互联网平台的应用，中央厨房的信息化、自动化在业务处理上明显提高，减少人员配备，提高处理环节效率，实现及时、准确的决策效应，产生明显的经济效益。其二，利用数据开展管理决策。综合信息化平台的应用，为管理人员提供实时的、准确的现场数据，为科学化的调度指挥提供决策依据，使管理更加精细化、专业化、标准化，从而全面有效地提升了公司安全管理水平。其三，培养锻炼数字化服务团队。综合信息化平台的应用，为企业培养、锻炼一批开发、应用、运维综合化的服务团队，积累良好的技术力量。

3. 探索做法

打造赋能平台，实现数字化管理。逐步构建"1+3+N"功能布局的中小企业赋能平台。以一个门户网站为基础，面向广大的中小企业、服务商提供通知指南、工作动态、赋能工具、转型成效等功能。以公共服务管理平台、中小企业服务平台、赋能服务资源平台3个管理平台为核心，赋能千百家中小企业。一是开展中小企业数字化水平诊断评估，并按行业分析企业数字化水平情况。二是支撑中小企业线上项目申报备案、标杆范例遴选、转型成效动态跟踪、奖补资金申报等全流程工作。三是实现政策对企业的精准推送，系统自动进行政策与企业标签匹配，把符合的政策推送给企业。四是可视化展示转型进展，分行业展示试点企业的诊断、改造方案、实施、验收等情况。五是通过政企互动功能，广大中小企业在门户网站与政府沟通反馈数字化转型相关情况。

强化政策支撑，探索工作推进机制。不断强化顶层设计，面向县（市、区）、服务商、试点企业，陆续出台了一系列遴选标准、通知指南、操作规程、实施方案等支撑性文件，构建石家庄市数字化转型"标准+指南+规程+方案"立体政策体系，为城市试点工作提供基本的遵循。

选培典型案例，引导企业"看样学样"。制定发布《石家庄市中小企业数字化转型试点城市企业项目申报指南》，通过材料上报筛选，初步选定目标企业培育范围。以数字化基础设施、应用系统、转型成效、创新能力、转型保障等为关键要素确定转型标杆企业（小灯塔）培育范围，目前已收集71家企业上报材料；从使用的关键技术装备、软件需安全可控，应在降低运营成本、缩短产品研制周期、生产效率、降低产品不良品率、能源利用率等关键要素方面确定争创数字化车间及智能工厂（或达到中小企业数字化水平四级）培育范围，目前已收集77家企业上报的材料。

建立专家智库，形成专家决策模式。探索建立"企业有疑，专家解惑"的专家组工作机制，提高试点工作质效。2023年10月，石家庄市依托国家工业信息安全发展研究中心和河北工信厅，遴选评审经验丰富、技术理论扎实、行业积累深厚的知名专家，组建石家庄市中小企业数字化转型专家库。从专家库中择优选取6位国家级专家、36位省级专家，成立市中小企业数字化转型专家组。随后，制定发布《石家庄市中小企业数字化转型专家组管理办法（试行）》，充分发挥专家在科技创新和决策咨询中的作用，提高石家庄市中小企业数字化转型决策工作的科学化水平。

加强人才培训，建立多层次培育体系。按需开展多层次的数字化转型培训，加大对数字化转型领域关键核心人员培育支持力度。一是第一期先行城市外出交流考察。采取课堂教学+见习教学方式，通过专家教授授课、标杆企业参访、实训基地参观、组织座谈交流等形式开展培训，探讨企业数字化转型升级之路。二是组织成长性良好、创新能力强、容纳就业能力强、在区域或行业中处于龙头骨干地位的试点企业负责人参加工信部中小企业方向领军人才培训。三是采用线上学习与线下集中培训相结合的方式，为试点企业、高级人才提供精准性、普惠式能力素质与技能提升培训服务。

强化组织保障，建立长效沟通机制。一是建立政府、企业、服务商、金融机构等相关方的沟通交流机制，协调推进各项工作落实。二是组织召开调度会，及时解决重点领域、重点工作推进中遇到的难点问题。三是对各县（市、区）推进情况进行跟踪和管理。通过现场会、培训班、研讨会、信息简报、案例集锦等多种形式，及时总结推广中小企业数字化转型的有效做法和典型经验。

四 对策建议

（一）政府角度

1. 各级协同配合，加大扶持力度

政府应围绕企业全生命周期和数字化转型的各环节及对技术、人才、投融资等要素的需求，借鉴成功转型企业的经验做法，及时出台政策，不断梳理、细化政策，做好省市间、各部门政策的衔接，出台相关配套政策，完善上下联动、左右协同的工作机制。

组建国家层面、省级层面、市级层面中小企业数字化转型工作专班，工作专班应建立长效沟通机制，通过政策制定、专业服务、业务培训等方式，提高中小企业对数字化转型与数字技术应用的认知与接受程度，从思维和观念上打通我国中小企业数字化转型的思维路径。

2. 结合地区优势，强化公共服务

加强面向探索起步阶段中小企业的培训咨询服务，强化深度应用阶段中小企业的资源对接公共服务。不同类型中小企业在数字化转型及政策诉求方面差异较大，这就要求各地区在国家层面政策指导下，结合本地企业特点与资源优势，有针对性地出台符合自身实际的中小企业数字化转型扶持政策和措施，并特别关注具体的落地实施，让惠企政策切实有效地助力中小企业数字化转型。

3. 加强顶层设计，探索协同机制

加强数字化转型政策服务需由政府主导并提供总抓手，打造利于中小企业数字化转型与发展的顶层设计机制，全局布控、系统规划中小企业数字化转型。具体包括：一是设置专有的职能机构，从整体上布局引导中小企业数字化转型；二是完善数字经济及数字化转型相关的统计指标体系；三是探索新型评价考核机制。

4. 出台惠企政策，优化要素保障

政府需完善数字化转型相关要素供给政策，保障中小企业数字化转型过程中所需的资金、技术及制度供给，具体包括以下 3 个方面。

一是完善资金供给政策。政府通过设立中小企业数字化转型扶持基金，直接对中小企业数字化转型相关的研发支出进行补贴。针对数字化转型前景较好的中小企业，在税收上经过相关研判适当给予一定的优惠；鼓励银行等金融机构提供优惠便利的金融服务。

二是加大技术创新政策支持力度。一方面，鼓励中小企业根据自身业务需要设置相关的研发中心，增加技术创新投入规模，加强与高校在研发方面的合作；另一方面，可由政府牵头建设中小企业技术方面的智库，搭建一系列技术创新与技术转化平台，完善并落实技术创新成果转化的资金、人才等方面的支持政策。

三是加快制度创新建设。加快监管制度创新，防止数据泄露对经济运行秩序、国家安全及社会稳定造成威胁。注重产权制度方面的革新。对数据及相关虚拟数字产权进行清晰界定，着重保障数据、数字技术创新方面的知识产权。

（二）中小企业角度

1. 注重人才培育，健全人才制度

中小企业应培育经营管理团队和一线员工对于数字化转型开放创新的心态，建立应对不确定性的思维和能力。完善"引育用留"人才制度体系，加大"引育用留"高端人才和团队力度，拓展相关海内外高端人才引进渠道。将人才数字化思维培育作为长期工作，以关键环节人员的数字化认知能力提升为起点，逐步扩大范围，在企业内部更大范围提升数字化思维。以用户需求为导向，汇聚人才资源形成组织团队，鼓励有条件的人员围绕专业工业经验、业务知识、数字技能提升复合能力。中小企业应结合自身经济实力和实际条件，充分利

用当地政府引进人才的有关补贴政策，基于各类人才的实际需求进一步完善企业的福利供给制度，制定一套具有自己特色的薪酬待遇制度，针对不同学历层次的人员，根据付出绩效与承担责任的不同，建立不同的奖惩制度，实行福利的多元化及差异化。

2. 聚焦优势领域，实现差异发展

中小企业应重点围绕自身优势，形成差异化的平台发展路径。具备较强行业积累的中小企业，可以将自身知识、经验与数据固化，形成可广泛复制的应用服务模式，通过在本行业、本领域精耕细作来实现工业互联网平台的规模化发展。具备特定技术优势的中小企业，应加强与制造企业合作，将其核心技术与行业特性深度结合，通过工业互联网平台技术授权、二次集成、资源服务等方式实现平台的广泛部署。优秀平台可依托其核心优势实现跨行业跨领域发展，提升产业链上下游引领带动作用，形成商业模式和发展路径创新。

3. 加大研发投入，鼓励技术创新

积极与高校及科研院所展开合作。中小企业可开展技术创新相关的模拟竞赛，设置一定金额的奖励或提供一定比例的实践岗位，吸引各高校相关专业的同学参与，并运用相关专业知识开展技术创新，所得的技术创新成果可由企业按照一定的流程进行转化；中小企业也可申请与高校及科研院所共同参与一些易于操作且附加价值较高的创新项目，所得的创新成果可由企业与高校等共同转移转化。

增加技术研发投入规模。中小企业应合理应用财务平台，通过财务管理的透明化，节约企业生产运营过程中不必要甚至较为冗余的开支成本，有导向地将资金向本企业技术研发的相关领域引流；应及时按要求公开企业经营的相关财务数据，通过不断地提高企业的信用水平，吸引闲散的社会资本投入企业相关的技术创新项目，有效扩充企业技术研发方面的融资来源。

4.精简管理流程，革新管理模式

设置负责数字化转型的主管部门。中小企业内部需设置负责数字化转型的主管部门，专门运用相关技术获取有效数据，并通过数据的深入分析，科学地分配企业内外部与数字化转型相关的资源；统筹协调企业内部数字化专项资金的使用，以及各个环节人力与物力等在结构上的匹配与调度，根据业务发展特点有计划地推动本企业进行数字化转型。

精简管理流程。中小企业需运用数字化软件，如 OA 办公软件等，变革传统的不利于企业数字化转型的层级组织模式，革新企业原有丧失活力的组织状态，构建与企业数字化运行相适宜的组织机制，基于数字信息运用减少企业管理层级，提高企业信息沟通效率，真正做到精简管理流程和机构，缩短企业与市场、管理层与员工、员工与用户之间的距离。利用数字信息技术实现信息的高效流通，让业务一线人员参与企业重要决策，推动中小企业能够及时应对内外部环境变化。

（三）数字化转型服务机构角度

1.完善体系搭建，促进共享互通

应继续推进标准体系构建，形成基于业界认识的工业互联网平台参考架构与标准体系，明确标准研制的重点方向。同时，开展重点领域技术标准研制，在平台数据标准方面，研制工业数据交换分析、管理、建模与大数据服务等标准，实现数据的有效管理与工业要素的一致描述。在开放接口标准方面，研制开发工具 API、微服务调用 API 等标准，保证开发者对平台功能的高效调用。在平台互联互通标准方面，探索开展互通架构、数据接口、应用接口、服务对接等标准研制，实现不同类型或不同领域平台间的共享合作。

2. 注重开放创新，促进生态建设

在平台发展中，应努力汇聚形成丰富的创新型应用，既要加强与各类行业客户、专业服务企业的协同合作，发挥其在所属领域的知识经验和资源优势，基于平台形成一系列重量级工业应用；又要积极打造开发者社区，通过提供开发工具、开发环境和微服务组件，吸引第三方开发者向平台聚集，形成一系列面向特定领域、特定场景、特定功能的创新型工业应用。平台需聚焦中小企业数字化转型实际需求和差异化需求，以灵活的方式为中小企业提供普惠和个性化的平台服务，积极开拓更加广阔的业务发展空间。

3. 保障数据安全，推动可信发展

工业互联网平台需继续提升自身安全防护水平，加快推进数据加密访问控制、漏洞监测等关键技术研发与应用，增强平台对非法入侵的甄别和抵抗能力。同时也应明确数据主权归属，防止信息泄露，清晰界定权利和义务边界，尊重用户和企业的信息隐私和数据主权，提供安全可靠、值得信赖的平台服务。在保障平台稳定可靠运行方面，可以综合利用数据备份与恢复、冗余设计、容错设计等方法提升平台运行鲁棒性，加强性能监测与故障监测，及时发现和排除故障，确保平台整体稳定性。

4. 构建赋能平台，发挥牵引作用

构建以政府为主导的数字化平台和数据共享平台，特别是加快跨部门、跨层级、跨地域平台的建设。基于不同地域、不同层级、不同部门间数据信息资源的汇聚整合以及中小企业数字化转型所需社会数据资源的融合，提高关键数据资源采集能力和效率，加快构建企业数字化数据资源集中共享与综合智能分析平台。通过数字化平台和数据共享平台整合产业链及产业集群内部资源，提高供需匹配效率，实现采购上的库存优化、生产上的质量管控、分销上的追踪溯源、零售上的精准营销以及服务上的体验升级，最终达到提升价值、降本增效的核心目的。

（四）学研金角度

1. 关注科研成果，提高转化效率

企业需重视高校与科研院所的创新成果，主动作为创新资源整合配置的关键力量，提供技术转化应用的场景、资金支持，充分发挥企业主体作用，以实践应用效果帮助研发主体确定薄弱环节、研发方向，努力成为提高研发成果转化效率的重要力量。建筑企业应与研发主体积极合作，建立技术合作研发平台、成果转化交易平台，将技术创新主体与企业应用主体紧密结合，推动技术要素在不同主体间的转移。通过研究、创新和发展数字经济科技创新平台，强化关键技术攻关，实现科技的创新和突破，帮助企业从根本上解决数字化转型面临的一系列问题。

2. 设立专项资金，增强财税支持

设立和运作人工智能、智能制造等专项产业基金，建立健全中小企业数字化转型专项资金，建立健全符合市场化运作要求的管理办法和由基金专业机构及专业人士运作、政府有效监管的运行机制，用足、用好基金。建立健全多层次、多元化、多渠道的投融资体系，鼓励社会资本参与智造强省建设，积极争取国家专项资金支持，加强对中小企业数字化转型的系统性支持和专业化服务。针对企业研发的不同阶段、实际进展，给予不同程度的支持和资助；引入保险、担保、租赁等机制，鼓励、支持用户企业使用新产品、研发企业完善新产品。加大财税支持力度，进一步减税降费。

3. 提高融资效率，降低融资成本

金融数字化使传统金融机构的工作流程和工作方式得到了优化。通过与中小企业实现数字化对接，金融机构能够以无纸化和智能化方式处理业务，极大提高了融资工作效率，使中小企业的资金需求响应更加快速。同时，金融数字化使传统面对面融资业务流程得到简化，

传统金融机构和中小企业双方均将减少融资场所、人员和管理运营支出，进而降低了中小企业的融资成本。

4. 健全服务体系，发展产业金融

一方面，要打造一批产业数字金融服务机构和平台，推动产业数字金融服务机构的系统化、常态化、智能化和空间集聚，推进产业数字金融服务平台在全国范围内的联网对接。另一方面，要为产业全生命周期提供全方位服务，建设数字化转型能力中心，强化平台、服务商、专家、人才、金融等数字化转型公共服务，推动开发性金融建设，通过"融智+融资"，促进数据要素交易流转，以数字信用融资机制解决企业融资贷款难题，以科技保险改善企业信贷增信分险功能，以企业、金融机构、科技公司为三位一体的平台，建设多层次、网络化、综合性的产业数字金融服务体系。同时，还要大力培育产业数字化和金融科技人才队伍。探索建立和完善技术经纪人、科技保险经纪人、数字资产融资租赁经纪人等制度。

专精特新企业篇

B.6
地方政府推动专精特新中小企业
发展的典型经验及对策建议

李文阳*

摘 要： 专精特新中小企业作为优质中小企业的中坚力量，不仅是增强经济韧性、提升产业链供应链现代化水平的关键主体，也是激发创新活力、完善产业生态不可或缺的重要力量。为引导更多中小企业走专精特新发展道路，加快推进新质生产力，实现高质量发展，各地方政府都在积极探索推动中小企业专精特新发展有效路径，在加强财税支持力度、完善制度保障体系、构建融通创新发展生态、优化营商环境、提升服务能力等方面不断探索，致力于为中小企业专精特新发展提供有指导性、针对性、科学化的解决方案。

---

* 李文阳，国家工业信息安全发展研究中心保障技术所工程师，主要研究方向为中小企业专精特新发展、融资促进及国际化。

关键词： 地方政府　中小企业　专精特新　科技创新

中小企业是稳市场、保就业、促经济的主力军，专精特新中小企业作为其中的优秀代表，不仅是增强经济韧性、提升产业链供应链现代化水平的关键主体，也是激发创新活力、完善产业生态不可或缺的重要载体。持续推动专精特新中小企业以专注铸专长，以配套强产业，以创新赢市场，把握成长规律，优结构、强创新、育生态，是加快构建新发展格局、促进经济高质量发展的重要抓手。工业和信息化部印发的《优质中小企业梯度培育管理暂行办法》提出，"十四五"期间，将努力在全国推动培育一百万家创新型中小企业、十万家专精特新中小企业、一万家专精特新"小巨人"企业。

习近平总书记高度重视中小企业发展，支持中小企业走专精特新发展道路，强调中小企业能办大事，要求激发涌现更多专精特新中小企业。2023 全国专精特新发展大会上，张国清副总理强调，要深入贯彻习近平总书记关于支持中小企业发展的重要指示精神，持续优化发展环境，不断完善支持政策，加快促进中小企业高质量发展，着力培育更多专精特新中小企业，推动中小企业在构建新发展格局、推动高质量发展中发挥更大作用。

一　支持专精特新中小企业发展现状

当前，工业和信息化部已累计培育专精特新"小巨人"企业12000 余家，其中，2023 年新培育 3671 家，较 2022 年有所减少，但累计带动各地培育省级专精特新中小企业数持续增加，达到 9.8

万多家。① 从中央到地方，一系列促进中小企业走专精特新发展道路的政策接连落地。持续优化发展环境，不断完善支持政策，加快促进中小企业高质量发展，着力培育更多专精特新中小企业。

一是加强制度保障，优化中小企业发展环境。为了持续优化中小企业发展环境，顶层构建了"一法、一条例、一意见、一规划"的制度保障体系。"一法"就是《中华人民共和国中小企业促进法》，"一条例"是指实施《保障中小企业款项支付条例》，"一意见"是指深入贯彻《关于促进中小企业健康发展的指导意见》，"一规划"是指发挥《"十四五"促进中小企业发展规划》的引领作用。

二是坚持创新引领，提升中小企业创新能力。科技成果赋智中小企业、质量标准品牌赋值中小企业专项行动，以及持续推进的数字化赋能中小企业专项行动，已经形成助力提升中小企业创新能力和核心竞争力的"三赋""组合拳"。加速科技成果向中小企业集聚，加快推进中小企业数字化转型、提升创新能力，引领企业以卓越品质提高质量效益、提升运营效率，以标准能力提升市场地位，以品牌信誉增强核心价值，形成综合发展优势。

三是促进融通带动，构建融通创新发展生态。大中小企业融通创新是释放大企业创新活力、激发中小企业创新潜力的有效途径。深入开展"百场万企"大中小企业融通对接活动。开展大企业"发榜"中小企业"揭榜"工作，通过龙头企业发布产业技术创新和配套需求，中小企业"揭榜"攻关，形成大中小企业协同创新合力，实现创新需求由市场提出、创新主体由市场选择、创新成果由市场验证。在全国培育一批中小企业特色产业集群，引导集群做大做强主导产业，进一步增强中小企业的核心竞争力。

---

① 《目前全国已培育 9.8 万家——专精特新企业发展势头强劲》，《经济日报》2023年 8 月，https：//www.gov.cn/yaowen/liebiao/202308/content_ 6897015.htm。

四是健全服务体系，为中小企业提供精准服务。中国已经初步形成以 1700 余家中小企业公共服务机构为支撑、3900 余家省级以上服务示范平台为骨干、广大社会化服务机构为基础的国家、省、市、县四级中小企业公共服务体系。[①] 进一步支持服务机构提升服务能力，提升服务标准化、精准化、特色化、便捷化水平，提升中小企业的获得感和满意度。

五是加强融资支持，拓宽中小企业融资渠道。为支持中小企业融资，中国设立科创板和北京证券交易所，全面推行股票发行注册制，成立国家融资担保基金、国家中小企业发展基金，出台一系列中小微企业融资相关货币政策，有效缓解了中小企业融资难题。同时，实施专精特新中小企业上市培育工程，完善融资担保降费奖补政策，发挥国家中小企业发展基金政策引导作用，促进中小企业融资。

六是深化国际合作，帮助中小企业更好融入全球市场。促进中小企业发展是各个国家和地区经济社会发展的优先事项，加强中小企业国际合作交流是各个双多边合作机制的重要内容。持续推动双多边合作机制走深走实，加大中小企业"走出去""引进来"工作力度。继续发挥亚太经合组织（APEC）、东盟与中日韩（10+3）、中国—中东欧、金砖国家等政府部门间双多边合作机制的作用，深化中小企业国际交流合作。

二 地方政府推动专精特新中小企业发展的有效做法

（一）北京市：多层次资本赋能助力专精特新企业发展

北京市是培育专精特新企业的"领头羊"。依托北交所和北京市

---

① 《把优化民企发展环境落到实处》，《人民日报》2023 年 7 月，https://www.gov.cn/zhengce/202307/content_6893353. htm。

股权交易中心专精特新专板的设立，打通企业股权融资到上市流程；建设服务站，当好专精特新企业的政策"辅导员"。截至 2023 年 11 月，北京市已培育认定创新型中小企业 10265 家，其中，市级专精特新中小企业 6848 家，国家级专精特新"小巨人"企业 795 家，隐形冠军企业 32 家，"小巨人"企业数量位列全国各城市之首。①

1. 具体举措

一是多层次资本市场服务随着专板高质量建设持续推进，多层次资本市场对专精特新企业全生命周期的服务更加契合。2023 年 8 月 24 日，北京股权交易中心专精特新专板开板，首批入板企业数量达到 50 家。目前，北京股权交易中心已经初步建立服务专精特新企业的综合服务体系。专板着眼于创新型中小企业、专精特新中小企业等优质企业的发展难点、堵点和实际需要，从完善企业数据库、强化基础服务、优化融资服务、资本运作赋能、加强上市培育、加强与全国股转系统合作对接等 6 个方面打造有针对性、适配度高的服务体系。专板通过完善企业数据库，为企业提供精准画像，并匹配有针对性的服务。2023 年 10 月 20 日，北京股权交易中心专精特新专板企业申请新三板挂牌的"绿色通道"机制正式落地。北京股权交易中心正积极筹备与券商机构建立"白名单"合作机制，聚焦"投研+投行+投资"三大业务板块，结合机构特色，按照"小切口、大合作"的整体思路，共同打造"融资服务商+产业型投行家+资本市场看门人"全领域合作新模式，助力企业高质量发展。

二是做优做强服务站。2023 年 6 月，北京市经济和信息化局发布了《关于实施十大强企行动激发专精特新企业活力的若干措施》，其中"服务聚合"行动首次提出设立专精特新服务站，壮大政策服

---

① 《北京中小企业发展情况报告出炉 国家级专精特新"小巨人"企业数量居全国之首》，《北京青年报》2023 年 11 月，https://beijing.qianlong.com/2023/1125/8152467.shtml。

务专家团队，市区两级形成专精特新政策宣贯常态机制，实现政策精准触达。首批 30 家服务站各有特色和优势。例如，首钢基金六工汇服务站是唯一以基金公司为载体运营的，能够在投融资方面赋能站内企业；海淀创业园专精特新服务站开创"2+N 服务体系"，采用"梯次孵育"模式，为企业提供"企业管家贴身服务"；朝阳科技创新专精特新服务站致力于打造国际创业投资集聚区，实现了创投机构、创投项目、创投人才、服务机构的集聚等。

2. 工作成效

一是企业融资快人一步。打通企业股权融资到北交所上市的多方位全流程金融服务流程，加速北京专精特新企业资本赋能进程。北京股权交易中心为数量更为庞大的非上市专精特新企业提供培育孵化、股债融资、规范引导等服务。自 2022 年 11 月证监会批复同意在京设立全国首家认股权综合服务试点平台以来，截至 2023 年 8 月 20 日，北京股权交易中心认股权综合服务试点平台累计已完成认股权登记 17 单，认股权转让、行权 1 单，涉及融资金额 7670 万元。[①] 北京股权交易中心对北京、上海、深圳证券交易所和全国中小企业股份转让系统的"蓄水池"作用有效发挥，最终实现具有首都特色的资本市场普惠金融模式在全国发挥示范引领效应。绿色通道制度性机制更加便捷高效，例如，从 2023 年 11 月 30 日挂牌申请受理到 2024 年 1 月 12 日挂牌审核通过，总计用时 31 个交易日，德美高科便实现从北京"专精特新"专板培育层企业到新三板拟挂牌公司的转变。借助北交所的优势，北京在专精特新企业融资和上市等方面赢得先手棋。截至 2023 年，北交所上市的北京市企业有 13 家，北京专精特新企业在北交所上市数量超过了相关上市企业总数的 1/8，在专精特新领域正在

---

① 《北京"专精特新"专板启航 预计年底专板企业家数将达 200 家》，《证券日报》2023 年 8 月，http://www.xinhuanet.com/2023-08/25/c_1212260239.htm。

形成一股不容忽视的"北京力量"。

二是服务下沉落实有效。建设服务站，可以及时、准确、完整地为站内企业解读最新政策，打通政策落地见效"最后一公里"，有力提振企业家在京投资创业的信心，实现与服务载体示范平台、示范基地差异定位及功能互补，能够将服务下沉得更有效，紧密地对接企业，为企业提供专业性公益性、主动性强的贴身服务。截至2024年1月，首钢园内企业已经超过300家，其中高精尖企业超过100家。六工汇已签约企业包括国高新企业、国企及外资企业总计22家，专精特新企业9家（小巨人4家），瞪羚企业10家，同时还包含上市企业8家、央企8家。①

（二）山东省：多措并举培育专精特新企业

作为全国唯一拥有全部41个工业大类的省份，山东省近年来陆续出台政策，着力为"专精特新"提供全周期、全方位、多层次的支持。从省到市各层级积极开展培育专精特新企业的工作，多措并举在精准服务、平台赋能、产业聚焦、金融服务和人才支撑等领域为专精特新"小巨人"企业排忧解难，助力其提质增效。截至2023年底，山东已累计培育认定创新型中小企业13530家、省级"专精特新"中小企业16075家、国家"小巨人"企业1032家。②

1.具体举措

一是推动服务精准对接。作为专精特新企业培育主阵地，青岛市民营经济发展局创新实施"专精特新"工作法，提供更加专业专注的优质服务，把握更加精准精细的工作标准，"滴灌"更具特色特点

的政策支持。烟台建立了市、区（市）、镇街三级服务企业专员制度，以高成长创新型企业为重点，市领导以及 39 个市直部门单位主要负责人，每月到企业走访服务 2 次，为企业提供"店小二""保姆式"服务。同时，编印下发《高成长创新型企业培育政策汇编》《支持中小企业发展财政金融政策明白纸》《"小升规"企业政策问答》，采取点面结合、精准服务的方式，组织业务人员到重点区市举办政策宣传会，集中宣讲支持政策。济南市在企业服务方面，提出实施专精特新中小企业"云帆计划"、知识产权强企培训计划、大中小企业融通发展行动计划、落实税收服务"春雨润苗"专项行动等 17 个专项举措，提供精准服务以解决专精特新企业遇到的问题。

二是建立服务培育平台。"青岛政策通"平台为青岛市企业和居民提供政策获取、咨询和申报服务，是解读惠企政策的重要阵地、政府联系企业的重要渠道。烟台高新区为深化实施中小企业知识产权战略推进工程，建立"专精特新中小企业知识产权公共服务平台"，助力专精特新中小企业创新发展。潍坊引入"北京格局屏天下"搭建潍坊市中小企业普惠"教育+互联网"暨企业素质提升新模式服务平台，为中小企业提升发展水平提供智力支持。

三是聚焦强链补链融链。2021 年以来，工业大省山东大力推进制造业重点产业链"链长制"，精准延链补链强链，促进产业链上下游紧密配套，塑强了一批优质企业。围绕"专精特新"中小企业分布集中的重点产业链，山东省采取政府指导、平台承办、双向互动形式，常态化组织产业链"链主"与上下游"专精特新"中小企业供需见面、路演推介等系列活动。比如青岛市聚焦重点产业链，围绕先进制造业产业集群和未来产业集群，挖掘一批专注于细分市场、创新能力强、成长性好的产业链上下游中小企业作为培育对象，建立"小巨人"企业培育库，实现"有进有出"的动态管理机制，重点培育 300 家以上企业进入培育库，并给予首次认定为专精特新"小巨人"的企业最高不超过100万元奖补；聚焦"链需求"，通过畅通企业供需对接，深化产业建群强链和促进行业协同发展的方式推动产业链上下游企业融通发展。威海市则聚焦融链式发展，精准打造"生态圈"，以打印设备及智能服务终端、纺织服装等产业链为试点，探索组建产业链联盟，吸引重点企业、平台协会、政府职能部门加入，通过供需对接、渠道共享、问题会商等机制，进一步密切了上下游企业、政府与企业之间的协作配合，由此衍生出了"共享员工"、产业链金融等产业生态新模式。

四是加强融资上市服务。山东省首创企业金融辅导员制度，在金融高管走基层、产业链金融服务、重点项目融资保障、金融管家试点等领域形成了生动鲜活、丰富多彩的模式、范式、方式，畅通更多金融活水流向实体经济。烟台市通过完善金融服务产品体系，建立金融服务响应机制，健全金融服务配套制度，定制综合金融服务方案，建设专职人才团队，开展特色金融服务活动，探索金融服务新模式，创新供应链金融服务的方式，为专精特新企业提供专业化、综合化的金融配套服务方案。青岛多次举办融资促进相关大会等活动助力专精特新企业获取融资，例如青岛市专精特新赛道企业对标提升活动在北京启动，并同步开展青岛市新兴产业招商推介会，来自青岛的30余家专精特新企业参加活动。2023青岛·全球创投风投大会上，一系列创投风投赋能专精特新企业的举措和产品发布，全力推动专精特新企业高质量发展。青岛还大力推动专精特新企业登陆资本市场，支持蓝海股权交易中心设立专精特新专板，为专精特新企业提供专属资本服务。在前不久举办的资本市场赋能中小企业专精特新发展大会上，青岛为专精特新企业畅通上市"绿色通道"，依托专板，蓝海股权交易中心与全国股转系统建立审核"绿色通道"机制，解决由区域性股权市场向新三板转板机制不畅、效率低下问题，为企业提供优先受理、快速审核等支持。

　　五是重视人才引进培育。山东省人力资源和社会保障厅联合省工业和信息化厅出台了《创新专精特新中小企业和制造业单项冠军企业职称评审机制若干措施》，探索实行专精特新企业职称申报举荐制。青岛市实施"人才强青"计划，鼓励用人单位通过未来之星储备、新锐人才托举等培育一批潜力人才，鼓励区市制定专精特新中小企业人才引进专项政策，"一企一策"开辟绿色通道、实施奖励支持。创新性实施"薪火相传·青蓝计划"，通过加强思想政治引领、全面提升素质能力、加大创业扶持力度和优化健康成长环境助力年轻一代民营经济人士健康成长。

　　2. 工作成效

　　一是政策信息渠道更加畅通。"精准滴灌"服务为企业了解政策开辟了新渠道，政策实施标准更加精准。青岛市政策通平台自创建以来，构建了完善的组织运行体系，组建了横向覆盖80个市直部门单位、纵向延伸293个区（市）部门单位的平台运维队伍；建立了统一的政策发布解读专区，汇集超2.3万条政策信息、2.8万注册用户，累计浏览量突破410万次；实现了惠企政策的精准推送，平台开发"政策计算器"功能，通过政策等级、企业属性、所属行业等6大类70余项标签为企业精准画像，靶向推送所需政策，确保企业应知尽知，帮助专精特新企业更好地了解相关政策。潍坊引入服务平台，对提升全市企业家和员工素质，加快企业转型升级和高质量发展产生重要的推动作用。

　　二是延链补链强链更有成效。2021年以来，山东省新一代信息技术、高端装备、绿色化工等领域专精特新企业培育数量大幅提升，增幅分别达到37%、32%和28%，显示了中小企业高端化、智能化、绿色化发展趋势。72.4%的专精特新企业属于省新旧动能转换"十强"产业，69.8%的企业分布在省11条标志性产业链上下游，重点产业领域企业占比明显。青岛市2023年以来，举办系列供需对接活动 90 余场，促进 100 余家配套企业进入龙头企业供应链，推动海尔、海信等"链主"企业与 22 家配套企业建立稳定配套联合体，北海造船等 8 家企业达成合作订单，金额超 10 亿元，4 家汽车整车企业与 7 家需求企业达成战略合作，产业链韧性不断增强。威海市 2020 年疫情防控关键期，通过"共享员工"及时解决了惠普等重点企业用工缺口问题，使威海成为美国惠普公司在中国首家复工复产的基地。常态化组织开展产业链对接活动，推动专精特新企业深度参与股权联结、创新联盟、配套联动，组织对接活动 120 余次，参与企业 2600 余家次，在电子信息、专用汽车、船舶与海工装备等领域促成本地配套协作项目 600 余个，其中通过跨链协同，帮助专用车辆企业和电子信息企业打破了信息壁垒，在车载电源系统、车规级半导体等领域实现深度合作，同时积极组织 20 余家专精特新企业赴泰安泰山玻纤、聊城中通客车、滨州京博石化、淄博鲁泰纺织等沿黄 9 市的产业链链主企业开展融链固链对接活动，推动更多专精特新企业成长为产业链上的"关键先生"。

三是融资上市难题得到缓解。2023 年，常态化产投对接中，山东促成 203 个企业项目达成投融资合作意向 381 亿元，"山东省专精特新专板"已遴选 1402 家企业纳入上市培育库，2022 年以来共培育并辅导 49 家专精特新企业实现国内 A 股上市，占全省新增上市企业的 66.2%。针对企业融资难题，青岛整合多方资源，构建专精特新企业金融服务矩阵。截至 2022 年，全市银行机构已向专精特新企业投放贷款 434 亿元，贷款余额 572.81 亿元，已开展政策传导、融资对接等入企服务 30 万余次，累计帮助 33000 余家企业解决融资超 1 万亿元。与此同时，青岛还大力推动专精特新企业登陆资本市场，支持蓝海股权交易中心设立专精特新专板，为专精特新企业提供专属资本服务，其间共有 1132 家企业通过转板形式进入专精特新专板，其中"小巨人"企业 91 家。

四是人才活力得到有效激发。山东省持续畅通专精特新企业、民营企业等的专业技术人才职称申报评审通道，定期开展评审服务专项行动，企业人才评职称的积极性不断提高。2022 年底，山东省专精特新企业评审复合型人才 6404 人，其中，通过贯通互评取得职称的高技能人才达 993 人，打破人才评价"独木桥"现象，拓展技术技能人才职业发展空间。已有 866 名专精特新企业人才通过"举荐制"评审获得高级职称，彻底搬掉了人才成长的"绊脚石"。青岛市人才结构不断优化，针对市重点产业连续实施了创业创新领军人才计划、科技创新高层次人才团队计划，先后支持创业创新领军人才 240 余名，引进和支持优质高层次人才团队 8 个，推动青岛市新一代信息技术、新材料等产业发展。"薪火相传·青蓝计划"建立起覆盖超过 1000 名年轻一代企业家的数据库和培养档案，一大批青年企业家受到熏陶、得到锻炼、实现提升，走上了企业经营管理的前台，在创新发展的舞台上为全市民营经济发展注入生机和活力，取得了良好成效。[①]

（三）浙江省：立足产业集群优势提升专精特新企业竞争力

2023 年，浙江省修订出台《浙江省促进中小微企业发展条例》，推动建立保障民营企业公开公平公正参与市场竞争的法治环境。此外，配套出台《大力培育促进"专精特新"中小企业高质量发展的若干意见》等文件，健全完善专精特新中小企业梯度培育机制，围绕已有的丰富的产业集群协同发力，在技术、资源和资金上实现融通发展。

1. 具体举措

一是建立产业技术联盟，打造协同创新平台。为了加强企业间的

[①] 《山东专精特新"小巨人"企业达 756 家》，《大众日报》2023 年 7 月，http：//www.shandong.gov.cn/art/2023/7/26/art_ 97904_ 600633.html。

交流与合作，浙江省政府积极引导和支持企业建立产业技术联盟。杭州高新区（滨江）推进的"5050计划"就是成功案例之一。该计划旨在通过建立产业技术联盟，推动中小企业与大企业之间的协作配套，形成产业协同发展的良好生态。同时，政府还搭建了产业技术联盟平台，促进企业间的信息交流和合作项目的对接。

二是加强大中小企业融通发展，实现资源共享和优势互补。浙江省政府制定相关政策措施，鼓励大企业与中小企业开展协作配套，形成产业协同发展的良好生态。政府通过税收优惠、财政补贴等政策手段，引导大企业向中小企业开放资源、共享技术、协同创新。同时，政府还搭建了大中小企业融通发展的平台，促进企业间的信息交流和合作项目的对接。温州推动特色优势制造业由区域块状经济向现代产业集群转型，加快构建现代化产业链。其中包括重塑以电气、鞋业、服装、汽车零部件、泵阀五大特色优势制造业为主体的集群发展优势。同时，推动龙头企业、冠军企业通过产业链整合、关键技术掌控、股权并购等方式，引入强链补链企业，构建产业联盟体系。

三是推进产学研合作，推动科技成果转化。浙江省政府通过制定产学研合作政策，鼓励专精特新企业加强与高校、科研机构的产学研合作。政府设立了产学研合作专项资金，为企业和高校、科研机构提供资金支持，推动科技成果的转化和应用。同时，政府还搭建了产学研合作平台，促进企业与高校、科研机构之间的信息交流和项目合作。中国科学院宁波材料所作为科研国家队，为宁波市专精特新"小巨人"企业开展科技赋能活动，通过成果推荐、技术培训、专家问诊、联合技术攻关，有效提升了宁波市专精特新企业的研发专业化水平。西北工业大学宁波研究院充分发挥在航空航天、电子信息以及新材料等领域的特色和优势，开展了专精特新等优质中小企业培育活动，与企业共建联合实验室，联合开展技术攻关，为企业技术创新赋能。

四是持续出台金融支持措施，满足企业融资需求。浙江省政府通过制定金融支持政策，引导金融机构加大对专精特新企业的信贷支持力度。政府通过财政贴息、风险补偿等政策手段，降低企业的融资成本，增强企业的融资能力。同时，政府还设立了中小企业发展基金等投资基金，将千亿基金群下沉到地级市升级为经济发展的新标配，浙江省"415X"先进制造业专项基金群开启签约，目标总规模超2000亿元的"4+1"专项基金群正式启动。浙江温州宣布落地千亿产业基金集群，市级设立500亿元产业高质量发展引导基金，各县（市、区）功能区再谋划设立超700亿元产业基金。浙江将杭州三大千亿基金，升级打造为杭州科创基金、杭州创新基金和杭州并购基金3只千亿母基金，推动形成总规模超3000亿元的"3+N"杭州基金集群。温州通过培育"链主型"企业、推动股改上市、鼓励并购重组等举措，引导企业在产业链上找到最适合自身发展的位置，不断优化电气产业链分工协作体系。

2. 工作成效

截至2023年底，浙江累计培育国家专精特新"小巨人"企业1432家，省级专精特新中小企业7263家，创新型中小企业20585家。[①]

一是产业技术联盟方面。在政府的引导和支持下，杭州高新区（滨江）已经形成了以数字经济、高端装备制造、生命健康等为主导产业的产业技术联盟，吸引了众多专精特新企业的加入。这些企业通过产业技术联盟的平台，实现了资源共享和优势互补，推动了产业技术的创新和成果的转化。据统计，杭州高新区（滨江）的专精特新企业已经超过100家，其中多家企业在产业技术联盟的平台上取得了

---

① 《培育专精特新"小巨人"，浙江有"方法"！》，2023年7月，澎湃网，https://www.thepaper.cn/newsDetail_ forward_ 23998427。

显著的成果。

二是大中小企业融通发展方面。在政府的引导和支持下，浙江省已经形成了一批具有竞争优势的产业链和产业集群。这些产业链和产业集群以大企业为核心，带动中小企业的发展，实现了资源共享和优势互补。例如，浙江吉利控股集团通过与多家专精特新企业开展合作，实现了零部件的本地化供应，降低了生产成本，提高了企业的竞争力。据统计，浙江省已有3000余家专精特新企业与大企业建立协作配套关系，形成了一批具有竞争优势的产业链和产业集群。温州企业本地配套程度明显提升。公开信息显示，目前乐清电气产业本地配套化率可达85%，既有正泰、德力西、天正这样的产业龙头，也拥有大批专注核心业务的小微企业，提供模具制造、基础零部件、物流等产业发展配套供应和服务。

三是产学研合作方面。在政府的引导和支持下，浙江省的产学研合作取得了显著成效。例如，杭州未来科技城管委会与浙江大学等高校和科研机构建立了紧密的合作关系，共同推动科技成果的转化和应用。在产学研合作的推动下，浙江省的专精特新企业得到了全面的技术支持和创新动力。据统计，浙江省已有1000余家专精特新企业与高校、科研机构建立了产学研合作关系，共同承担了多项国家和省级科技项目。

四是金融支持方面。在政府的引导和支持下，金融机构对专精特新企业的融资支持力度不断加大。例如，杭州银行针对专精特新企业推出了"专精特新贷"等特色金融产品，为企业提供便捷的融资服务。据统计，浙江省已有2000余家专精特新企业获得了金融机构的信贷支持，融资额达到数十亿元。截至2022年，在中基协备案且正在运作的股权投资基金共计新增8841只，其中嘉兴以超过800只的数量排名第一。截至2023年3月，嘉兴市科创企业获投私募股权投资基金超过800家次，获投金额超900亿元。以位于嘉兴市区东南区域的南湖基金小镇为例，自 2012 年成立以来，已成为国内最早、业内规模最大、最具影响力、管理最合规的私募股权投资基金小镇之一。围绕基金招商，累计引进各类基金近 2 万家，包括红杉资本、硅谷天堂、蓝驰创投、赛富投资等知名机构基金早已落户南湖，管理规模超 2.9 万亿元。一季度，在科创板上市名单中，有 67 家企业前十大股东是来自南湖基金小镇的 98 家基金机构。①

（四）江苏省："减税降费+产业园区"协同发力，助力专精特新企业高质量发展

江苏省以减税降费为保障，以产业园区为载体，全面赋能专精特新企业高质量发展。通过税收优惠、研发费用加计扣除等政策，减轻企业税负，鼓励创新投入。产业园区成为企业聚集地，增强产业集聚效应。专精特新企业在各自领域崭露头角，专业化、精细化程度高。政府提供全方位服务支持，解决企业后顾之忧，优化营商环境。目前，江苏已经成为国内专精特新企业培育的"排头兵"。

1. 具体举措

一是税惠赋能创新。创新是引领企业发展的第一动力，也是专精特新企业发展的关键所在。江苏省通过以研发费用加计扣除为代表的一系列税费优惠政策，激励企业不断加大研发投入、实现创新发展。苏州市开展"春雨润苗专项"行动，为科技型中小企业提供组合式税费支持。江苏启东税务部门及时解读对企业适用的高新技术企业优惠、加计扣除优惠相关政策，提高出口退税效率，加速企业退税资金购进原材料、投入新产品研发进度。

二是税惠精准落袋。江苏持续优化税费服务举措，根据经营主体

---

① 《走近基金小镇实力派！倾听他们特色化产融结合发展的"道"与"术"》，2022 年 12 月，每日经济新闻，https：//new. qq. com/rain/a/20221216A09SDZ00. html。

自身属性和行为偏好，"一企一策"精细服务，精准推送税费政策，加大政策落实力度。南京税务部门倾情推出支持民营经济发展18条举措，针对专精特新企业"一高一多一大"的特点，建立服务团队，健全企业"成长档案"，从企业规模、行业分类等维度对企业进行日常维护和动态管理。苏州市为专精特新企业定制"一户一档"优惠政策，开展"问需解难担当作为"重点企业调研走访活动，安排税务干部上门问需送政，针对性落实落细各项惠企政策。

三是构建特色产业园区。江苏省针对不同行业和领域的企业，规划和建设了多个专业化的产业园区，集中培育专精特新企业。苏州工业园区是培育专精特新"小巨人"企业的主要阵地，聚焦最具发展条件和比较优势的创新领域，集中培育生物医药、纳米技术应用、人工智能三大新兴产业专精特新企业。无锡高新区专精特新企业的产业集聚效应显著，与高新区的产业发展方向高度契合。这些企业主要分布于物联网、集成电路、生物医药、智能装备、汽车零部件、新能源等行业领域，体现了高新区"6+2+X"现代产业集群的特点。

四是加强园区服务保障。苏州工业园区开展"苗圃计划"，采用八大赋能体系服务苗圃企业，从能力提升、管理培优、资本规划等方面开展课程及活动，为苗圃企业打造"4+2+N"优选培训模块。通过设立"苗圃贷"专项风险补偿资金池，与银行等金融机构合作，对园区苗圃企业进行贷款支持。无锡高新区积极构建"政策+科创+资本+服务"多维培育体系，实行专精特新服务专员制度，为企业提供全方位的服务，化解企业和人才的后顾之忧。规划面积32万平方米的中德双元制职业教育产业园正在加快建设。产业园将结合各种资源，建立一个符合产业和企业需求的"双元制"教育模式，让职业教育更好地服务产业、赋能产业。昆山高新区经发局组织申报企业参加多轮专题培训，帮助企业了解最新的申报政策与要点，提高企业认定申报的规范性和准确度。

2. 工作成效

一是减税降费为企业纾困解难。税惠红利助力企业加大研发投入，走好创新发展之路。江苏 5070 户专精特新企业中，有 2810 户企业享受高新技术企业优惠 124.8 亿元；4984 户企业享受研发费用加计扣除政策，加计扣除金额达 842.69 亿元，按 25% 的税率折算税款为 210.67 亿元。2022 年，苏州市国家级专精特新企业享受了 5.2 亿元增值税留抵退税的税收红利，截至 2023 年底，国家级专精特新企业享受留抵退税共计 3.9 亿元。以江苏启东江苏捷捷微电子股份有限公司为例，2023 年 1 月至 9 月，该企业出口额约 4543.94 万元，申报出口退（免）税产生应退税额 214.08 万元，实打实地在企业的创新成长之路上增添了一份保障。[①]

二是园区专精特新企业聚集程度提高。苏州前三批上榜的国家级"小巨人"中，有 10 家来自苏州工业园区，位居苏州各区域之首，苏州国家级专精特新"小巨人"企业中制造业企业占比超过 97%，全部属于四大新兴产业集群，其中电子信息、生物医药、装备制造、先进材料分别占 23.3%、7.7%、43.2%、25.8%。无锡高新区专精特新企业数量实现翻番增长，截至 2023 年 8 月，各类专精特新企业已突破 400 家，占无锡市比重达到 20% 以上。其中，国家级专精特新"小巨人"企业 52 家，省专精特新中小企业 167 家，无锡市专精特新中小企业 213 家，均居无锡市第一。

三是企业专业程度提高。从行业分布上看，江苏省第五批国家级专精特新"小巨人"企业中研究和试验发展占比最高，计算机、通信和其他电子设备制造业，专用设备制造业、金属制品业、通用设备制造业等行业入围的企业数量也比较多。其中，共计 186 家江

[①] 《税惠助力专精特新｜税费政策精准直达，助推"小巨人"企业突破技术瓶颈创新发展》，2023 年 9 月，国家税务总局，https://finance.sina.com.cn/wm/2023-09-23/doc-imzntapa6497524.shtml。

苏企业跻身国家级制造业单项冠军企业（产品），数量居全国第一。这是江苏数十年如一日引导中小企业走"特色化"之路结出的硕果。

四是资本助力减少专精特新企业后顾之忧。苏州工业园区"上市苗圃工程"自2019年实施以来，已认定"苗圃企业"超300家，培育上市公司30家，为苗圃企业家打造多方共建的"综合创新服务体系"，建立多维度的上市赋能生态，基础企业、重点企业单户"苗圃贷"贷款金额最高可达2000万元；拟上市企业单户贷款金额最高可达1亿元。2023年上半年，无锡高新区为180余名专精特新企业高管及人才免费体检，协调安排近40名专精特新企业高管子女上学，并统计摸排省级以上专精特新企业用地需求，全力做好要素保障。①

（五）辽宁省：以"孵化器"为抓手，做强科技创新主阵地，服务专精特新企业

辽宁省在专精特新企业培育方面取得显著成效，通过设立专精特新孵化器，为中小企业提供一系列精准服务，有效促进了企业的科技创新和快速发展。同时，税务部门也发挥了积极作用，通过税收优惠政策和服务举措，为专精特新企业创造了良好的发展环境，助力企业解决融资难题，增强创新能力。这些举措的实施，使得辽宁省的专精特新企业数量快速增长，截至2023年4月，辽宁累计认定国家级专精特新"小巨人"企业287户，整体数量居全国前列。累计认定省级专精特新"小巨人"企业524户、专精特新中小企业1131户、"专精特新"产品（技术）5248项、创新型中小企业1898户。②

---

① 《苏州工业园区"上市苗圃工程"培育30家上市公司》，《苏州日报》2023年9月，https：//news.2500sz.com/doc/2023/09/17/1033646.shtml。

② 《【快看】如何让辽宁"专精特新"多起来强起来》，《辽宁日报》2023年4月，https：//www.thepaper.cn/newsDetail_forward_22680525。

1. 具体举措

一是以新区为切入点，设立专精特新孵化器。大连市金普新区特别制定《金普新区科技和工业信息化局"专精特新"企业服务专班工作方案》，加强对专精特新"小巨人"企业的培育服务和业务指导，设立专精特新企业孵化器，以提升科技创新属性、助推专精特新发展、为入库培育企业服务为目标，垂直于区域专精特新产业深度，打造大连金普新区高质量中小企业对焦北交所发展路径的服务及展示窗口，打通北交所资本通道，并通过创兴动力集团旗下"直通北交所"，为专精特新中小企业和入库培育企业提供专精特新资质申报、企业融资、上市辅导、专精特新赋能特训营、专精特新数据地图等服务，做最同频北交所动态与资源的科创服务载体，帮助企业更快更好地"直通北交所"，为辽宁省全力打造产业高地、创新高地、开放高地、宜居高地，跑出更高质量更高发展"加速度"。

二是"税费引擎"驱动专精特新企业创新发展。辽宁各地税务部门致力于对辖区内专精特新企业开展专项扶持，扎实开展"便民办税春风行动"，为企业量身打造服务方案，推动税收红利直达快享，通过"访企业、优服务、解难题"等精细服务举措为企业纾困解难，以税力量护航企业走好创新发展之路。沈阳、大连、本溪、锦州、葫芦岛等地税务部门先后为专精特新企业建立"一户一档"成长档案，通过"线上+线下"渠道对纳税人进行"一对一"辅导，帮助企业"直达快享"税费优惠，为专精特新中小企业成长发展吃上"定心丸"。2023 年以来，大连市税务局与大连市科技局等部门联合对相关企业科技成果转化涉税政策开展线上线下辅导两次，指导企业正确适用技术合同转让税收优惠政策；联合开展调研 3 次，寻求增强企业创新能力之策。大连金普新区税务部门成立"金·税精细服务工作室"，2023 年，工作室新推出 9 类 15 项服务措施，以更加个性化、精细化的税费服务，扶持新晋"小巨人"企业做大做强。大连高新园区税务局持续深化"税银互动",搭建起税务、金融机构、企业三方有效沟通的诚信桥梁,帮助企业解决"融资难""融资贵"等问题。

2. 工作成效

一是金普新区专精特新企业培育初具规模。2023年上半年,新区完成两批次新型创新主体推荐,共推荐61家雏鹰企业、39家瞪羚企业。推荐大连中集特种物流装备有限公司、大连科利德光电子材料有限公司等7家企业申报省级专业技术创新中心。新增国家级专精特新"小巨人"企业6家,占大连市50%,复审国家级专精特新"小巨人"企业8家,通过7家,通过率87.5%;新增省级专精特新中小企业77家,占大连市49%;新增创新型中小企业132家,占大连市36%;获评数量位居全市第一。全区累计培育国家级专精特新"小巨人"企业35家,占全市43.2%;省级专精特新中小企业183家,占全市44%;创新型中小企业397家,占全市39%。[①]

二是专精特新企业切实感受税惠春风。税务部门高效优质的服务,助力企业更快更好享受优惠政策,给予企业很大的帮助和信心。为助力专精特新企业专注创新发展之路,国家税务总局本溪高新技术产业开发区税务局针对辖区内专精特新企业特点,精准落实税费优惠政策,推行"一企一策"精细服务,确保企业及时准确享受政策红利。在税收服务和税惠红利的护航下,辽宁华润本溪三药有限公司2023年产值同比增长9%,在中成药研发领域交出了亮眼的成绩单。第四批专精特新"小巨人"企业大连康丰科技有限公司通过"税银互动",以良好的纳税信用等级成功申请到银行贷款1000万元,及时缓解了资金压力。

---

① 《2023年以来金普新区科技创新成果显著》,2023年9月,大连市金普新区新闻中心,https://www.dljp.gov.cn/dt/001002/20230919/a6679591-9d22-447f-946c-ce16744bd40a.html。

三　对于地方政府推动专精特新中小企业发展
走深向实的建议

（一）完善政策支持体系

地方政府应进一步持续出台促进专精特新中小企业高质量发展的若干措施，在科技创新、产融合作、企业服务、数字化转型、国际合作等方面加大政策支持力度，为中小企业专精特新发展提供更多实实在在的支持。

（二）强化梯度培育机制

加大创新型中小企业、专精特新中小企业和专精特新"小巨人"企业培育力度，健全逐级后备、逐级递进的梯度培育机制，实施"有进有出"的动态管理。加强专精特新企业发展情况的跟踪分析，将专精特新企业发展情况纳入中小企业发展环境第三方评估指标体系。

（三）加大研发创新支持力度

地方政府应引导支持专精特新企业申报省重点领域研发，同等条件下优先支持专精特新企业申报产业基础再造项目。支持专精特新企业参与首台（套）重大技术装备、首版次软件、首批次材料目录评选。组织专精特新企业参加"创客广东"创新创业大赛。同时，支持专精特新企业申报制造业创新中心、企业技术中心、工程技术研究中心等研发创新平台。鼓励专精特新企业在海外设立研发机构，有条件的地区应对研发投入金额较大的企业予以支持。鼓励科研院所、高校与专精特新企业开展订单式研发，促进技术创新成果快速转移转化。推动重大科研基础设施与大型科研仪器向专精特新企业开放共享。

（四）引导企业数字化转型升级

聚焦区域经济、产业园区等产业集聚区，统筹专精特新企业智能化、绿色化、融合化等方向，统筹订单获取、快速设计、生产柔性、采购供应、物流交付、运维服务等专精特新"全价值链"数字化转型需求，研发推广行业技术集成系统解决方案，通过探索多样化的服务费用支付方式、根据企业个性化需求进行分类改造等途径降低企业数字化转型成本，提升专精特新企业市场竞争力。发布专精特新企业数字化转型典型经验和案例，持续出台专精特新企业数字化转型支持政策。

（五）推动多层次金融支持

推动金融机构打造专精特新企业供应链金融、数字化转型等专属产品，推广随借随还贷款模式。支持金融机构结合自身优势和差异化定位，加大资源倾斜力度，开发符合专精特新企业不同成长阶段和行业特点的专属产品和服务，量身定制金融服务方案。引导金融机构优化专精特新企业抵质押条件，加大信用贷款、中长期贷款投放力度，提升"首贷户"占比。鼓励保险机构加大对专精特新企业出口信用保险支持。

（六）优化服务提升

加大中小企业公共服务示范平台、小型微型企业创业创新示范基地与专精特新企业的服务对接力度，支持中小企业特色产业集群对专精特新企业开展针对性、专业化服务。推广涉企政策精准推送。支持各地方中小企业服务中心成立专门面向专精特新企业的服务团队，加强对专精特新企业的服务支撑。

参考文献

中共烟台市委办公室、烟台市人民政府办公室：《烟台市实施企业倍增计划推动先进制造业高质量发展行动方案（2022—2025）》，2022 年 8 月 25 日。

《"青岛政策通"促"真金白银"直达企业——青岛政策通平台"十大典型案例"发布》，2022 年 10 月，http：//myj. qingdao. gov. cn/gzxx/202210/t20221024_ 6462787. shtml。

《山东：866 名专精特新企业人才通过"举荐制"获评高级职称》，2023 年 5 月，新浪财经，https：//finance. sina. com. cn/jjxw/2023 - 05 - 05/doc - imystany3498 494. shtml。

北京市经济和信息化局：《关于实施十大强企行动激发专精特新企业活力的若干措施》，2023 年 6 月 13 日。

浙江省政府办公厅：《大力培育促进"专精特新"中小企业高质量发展的若干意见》，2022 年 4 月 11 日。

《创新税费服务"硬举措"厚植民企发展"软环境"》，2024 年 3 月，光明网，https：//economy. jschina. com. cn/rddt/202403/t20240305_ 3371568. shtml。

《八大赋能体系服务苗圃企业，上市苗圃培训计划开学了!》，2020 年 7 月，https：//sme. sipac. gov. cn/epservice/techsub/Apps/sme/ index. php？s =/Home/ActInfo/detail/id/483。

B.7
专精特新上市企业发展现状
及发达国家经验借鉴

冷 哲*

摘　要： 专精特新上市企业是推动现代化产业体系建设、加快培育
新质生产力的关键引擎。2023 年，我国专精特新上市企业发展潜力
愈发凸显，发展韧性日益强劲，创新实力持续提升，在稳增长、补短
板、强基础、填空白、保障关键产业链供应链安全稳定等方面发挥着
重要作用。类似于我国专精特新企业，美、日对于"利基企业"，德
国对于"隐形冠军"企业也给予强有力的政策支持，以显著提升本
国中小企业的国际竞争力。因此，立足发展实际，借鉴好的做法，我
国应加大对专精特新上市企业的技术创新支持力度，强化融资支持，
加强服务体系建设，并多措并举支持企业扬帆出海。

关键词： 专精特新　上市企业　隐形冠军

　　专精特新上市企业是我国加快推动科技强国、制造强国建设的生
力军，是保障关键产业链供应链安全稳定、加快推进新型工业化的重
要力量。党中央、国务院高度重视专精特新中小企业发展。习近平总
书记关于加快培育专精特新中小企业多次做出重要指示批示，提出要

---
　　* 冷哲，国家工业信息安全发展研究中心保障技术所助理研究员，主要研究方向为
专精特新中小企业、数字化转型、投融资等。

着力在推动企业创新上下功夫，激发涌现更多专精特新中小企业。工业和信息化部深入贯彻落实习近平总书记的重要指示批示精神，全面落实中央经济工作会议关于促进中小企业专精特新发展的重大决策部署，联合有关部门、联动地方政府，多措并举加快推动各级专精特新中小企业高质量发展，初步形成全方位、多层次、立体式的支持政策体系。国际上，类似于我国"专精特新"企业，美、日对于"利基企业"，德国对于"隐形冠军"企业均给予强有力的政策支持，以显著提升本国中小企业的国际竞争力。鉴于此，深入分析我国专精特新上市企业发展情况，借鉴发达国家的典型经验和好的做法，为我所用，对于促进专精特新中小企业发展、加快培育新质生产力具有重要意义。

一 2023年我国专精特新上市企业发展情况

总体看，新上市企业中，超七成为专精特新中小企业，专精特新上市企业占A股总市值的比重稳中有升。从A股上市公司披露的三季报看，专精特新上市企业总体研发强度是非专精特新企业的3.3倍，北交所、创业板、科创板专精特新上市企业平均营业利润率水平明显高于非专精特新上市企业，专精特新上市企业区域分布呈现"两集中"特征，在稳增长、补短板、强基础、填空白、保障关键产业链供应链安全稳定等方面发挥着重要作用。

（一）全方位、多层次支持政策体系初步构建

财政部、国家税务总局持续落实先进制造业增值税加计抵减政策，推动重点产业链供应链专精特新中小企业应享尽享，以政策红利激发先进制造业企业内生动力。工业和信息化部组织开展数字化赋能、科技成果赋智、质量标准品牌赋值中小企业全国行活动，为专精

特新中小企业提供专属优惠服务，加快中小企业数字化转型步伐，提高科技成果转化和产业化水平，推动企业向价值链中高端迈进。联合证监会等多部门开展"一链一策一批"中小微企业融资促进行动，合力推进首批区域性股权市场"专精特新"专板稳步落地，加大金融支持中小企业专精特新发展力度。健全中小企业公共服务体系，聚焦专精特新中小企业，促进服务资源精准配置。2023年我国支持专精特新上市企业政策如表1所示。

表1　2023年我国支持专精特新上市企业政策

时间	政策文件	发文单位	主要内容
1月	《关于印发助力中小微企业稳增长调结构强能力若干措施的通知》	工业和信息化部	着力促进中小微企业调结构强能力：加大专精特新中小企业培育力度；加大人才兴企支持力度；加大对优质中小企业直接融资支持
2月20日	《工业和信息化部办公厅关于开展第五批专精特新"小巨人"企业培育和第二批专精特新"小巨人"企业复核工作的通知》	工业和信息化部	组织开展第五批专精特新"小巨人"企业培育和第二批专精特新"小巨人"企业复核工作
5月26日	《工业和信息化部办公厅关于开展2023年全国中小企业服务月活动的通知》	工业和信息化部	助力优质中小企业梯度培育，激发涌现更多创新型中小企业、专精特新中小企业、专精特新"小巨人"企业
6月13日	《关于开展2023年专精特新中小企业服务产品征集工作的通知》	工业和信息化部	深入贯彻落实党中央、国务院关于支持专精特新中小企业发展的决策部署，加大专精特新中小企业培育力度，推动提升服务专精特新中小企业的质量和水平

续表

时间	政策文件	发文单位	主要内容
6月27日	《工业和信息化部办公厅关于开展数字化赋能、科技成果赋智、质量标准品牌赋值中小企业全国行活动的通知》	工业和信息化部	为创新型中小企业、专精特新中小企业、专精特新"小巨人"企业提供专属优惠服务,包括免费试用工具、专属产品定制、特定产品价格折扣、一对一服务咨询等
7月3日	《符合"专精特新"专板建设的区域性股权市场名单公示》	工业和信息化部、中国证监会	继续推动各地高质量建设区域性股权市场"专精特新"专板,持续提升多层次资本市场服务专精特新中小企业的能力,整合政府和市场各方资源,完善综合金融服务和上市规范培育功能,助力中小企业专精特新发展
8月1日	《五部门关于开展"一链一策一批"中小微企业融资促进行动的通知》	工业和信息化部、中国人民银行、国家金融监督管理总局、中国证监会、财政部	持续提升中小微企业融资便利度和可得性,加大金融支持中小微企业专精特新发展力度
9月22日	《工业和信息化部　国家发展改革委　科技部　财政部　应急管理部关于印发〈安全应急装备重点领域发展行动计划（2023—2025年）〉的通知》	工业和信息化部、国家发展改革委、科技部、财政部、应急管理部	总体目标包括涌现一批制造业单项冠军企业和专精特新"小巨人"企业

时间	政策文件	发文单位	主要内容
9月28日	《工业和信息化部办公厅关于2023年度享受增值税加计抵减政策的先进制造业企业名单制定工作有关事项的通知》	工业和信息化部	地方工信部门在确定名单时,应在符合政策规定的前提下,着力支持但不限于重点产业链供应链"白名单"企业、专精特新中小企业、专精特新"小巨人"企业、制造业单项冠军企业、先进制造业集群内企业等
10月11日	《工业和信息化部办公厅关于做好2023—2024年度中小企业经营管理领军人才培训工作的通知》	工业和信息化部	有关部直属事业单位、地方中小企业服务机构、行业组织和龙头企业等承担2023~2024年度"引导中小企业专精特新发展"专题班、"促进大中小企业融通创新"专题班、"数字化赋能"专题班等培训任务

资料来源:工业和信息化部,国家工业信息安全发展研究中心整理。

(二)超七成新上市企业为专精特新中小企业

2023年新上市企业中,专精特新中小企业共224家,占A股新上市企业的71.6%。从板块看,北交所新上市专精特新企业64家,占北交所新上市企业的比重高达83.1%。创业板新上市专精特新中小企业数量最多,共计83家,占创业板新上市企业的75.5%(见图1、图2)。

截至2023年12月底,专精特新上市企业累计1859家,占A股全部上市企业总数的34.9%。从板块看,创业板拥有专精特新上市企业数量最多,共计704家,居各板块首位。北交所上市专精特新企业占比最高,比重为82.4%(见图3、图4)。从区域看,广东(331

家）、江苏（328家）和浙江（279家）领跑全国，三地专精特新上市企业数量占全国比重高达50.5%。

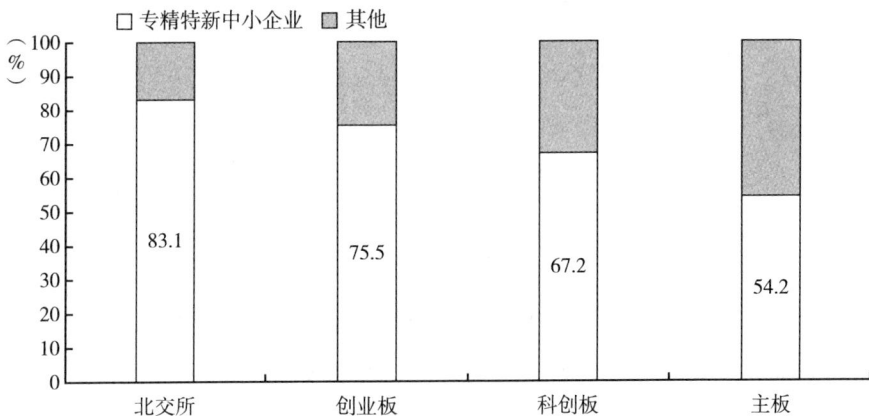

图1　2023年我国各板块新上市专精特新企业占比

资料来源：Wind，国家工业信息安全发展研究中心整理。

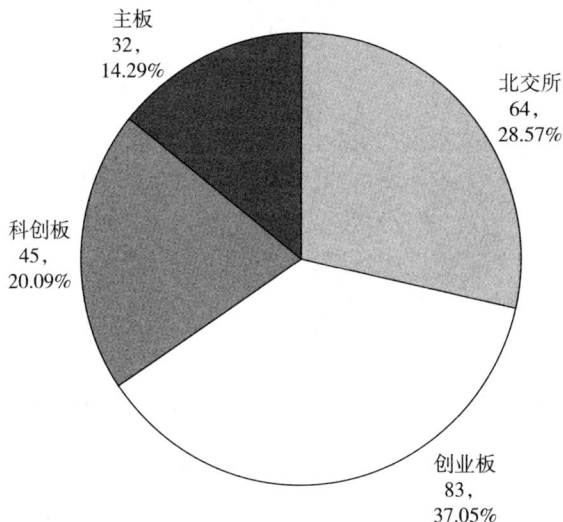

图2　2023年我国各板块新上市专精特新企业数量及占比

资料来源：Wind，国家工业信息安全发展研究中心整理。

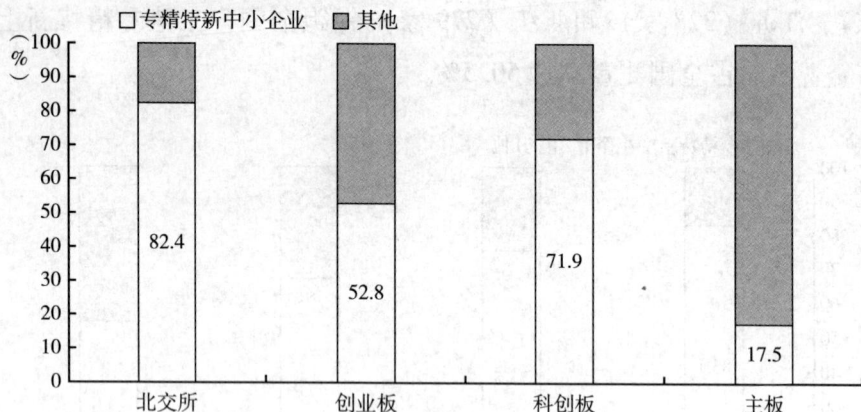

图3 截至2023年12月底我国各板块专精特新上市企业占比

资料来源：Wind，国家工业信息安全发展研究中心整理。

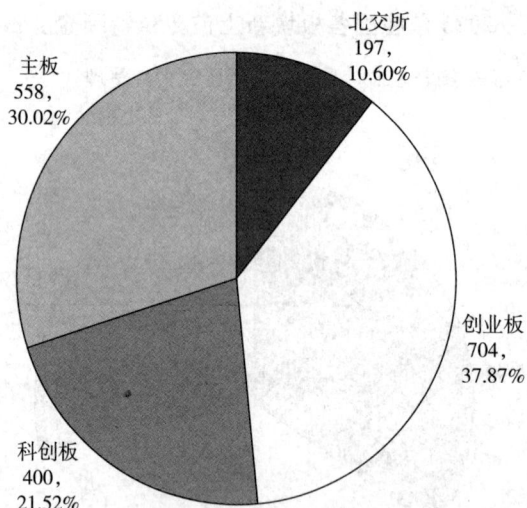

图4 截至2023年12月底我国各板块专精特新上市企业数量及占比

资料来源：Wind，国家工业信息安全发展研究中心整理。

（三）专精特新上市企业市值占比稳中有升

截至2023年12月底，专精特新上市企业总市值为11.2万亿元，比 2022 年增加了 7846.1 亿元。专精特新上市企业总市值占 A 股总市值的比重为 14%，比 2022 年高出 1 个百分点。从板块看，北交所专精特新上市企业总市值占比为 79%，比 2022 年高出 7 个百分点；创业板专精特新上市企业总市值占比从 2022 年的 31% 提高到 2023 年的 35%，上升 4 个百分点（见图 5）。

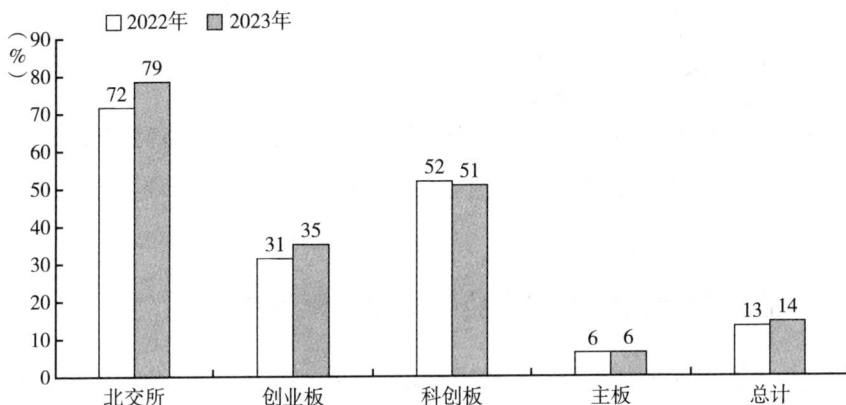

图 5　我国各板块专精特新上市企业总市值占 A 股总市值的比重

资料来源：Wind，国家工业信息安全发展研究中心整理。

（四）专精特新上市企业盈利能力整体向好

根据上市公司披露的三季报测算，A 股上市的专精特新企业平均营业利润率为 9.0%。从板块看，北交所、创业板、科创板专精特新上市企业平均营业利润率水平分别为 8.6%、9.3% 和 8.2%，明显高于非专精特新上市企业（5.7%、7.6% 和 5.2%）。而主板上市的专精特新中小企业平均营业利润率（9.0%）略低于非专精特新上市企业（10.2%）（见图 6）。①

---

① A 股主板集聚了银行业、石油石化、电力设备等大型上市企业，其利润规模占主板比重较高。如 2023 年前三季度，银行业总净利润占 A 股比重高达 37.3%。

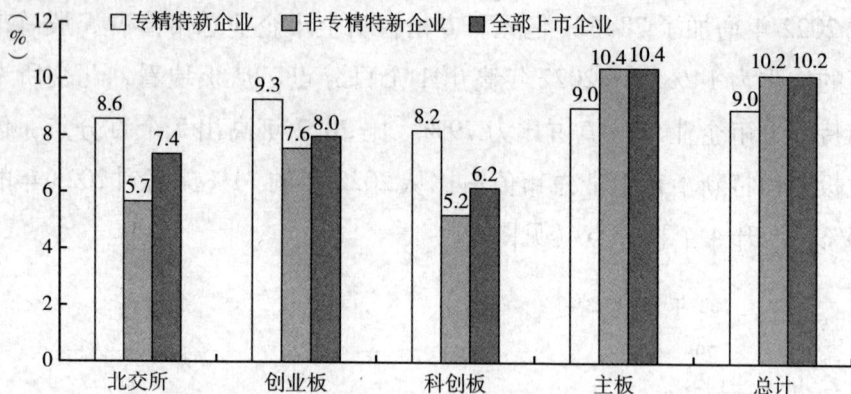

图6 我国各板块专精特新与非专精特新上市企业平均营业利润率

资料来源：Wind，国家工业信息安全发展研究中心整理。

（五）专精特新上市企业研发强度更为突出

从上市公司三季报看，A股上市的专精特新中小企业研发强度（研发费用占营业收入比重）为5.9%，是非专精特新上市企业（1.8%）的3.3倍。从板块看，科创板专精特新上市企业研发强度最高，高达12.2%。北交所、创业板、科创板和主板专精特新上市企业的总体研发强度均高于非专精特新企业（见图7），彰显专精特新企业强劲的创新活力。

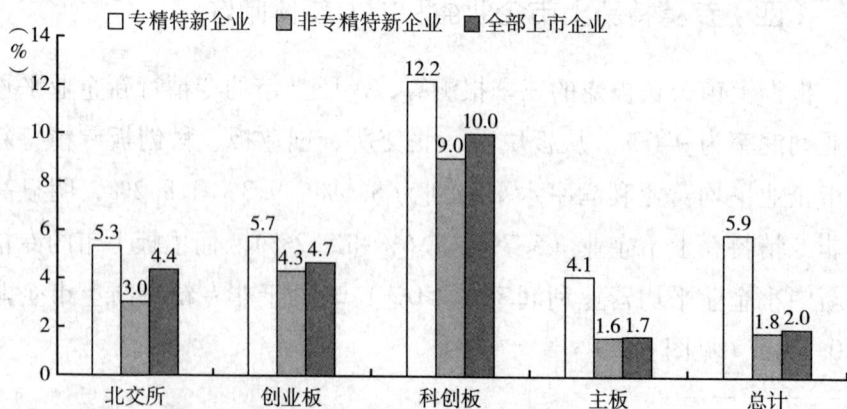

图7 我国各板块专精特新与非专精特新上市企业研发强度

资料来源：Wind，国家工业信息安全发展研究中心整理。

（六）区域分布呈现"两个集中"特征

超五成专精特新上市企业集中在粤、苏、浙三省。2023 年，广东省拥有 331 家专精特新上市企业，领跑全国，江苏（328 家）、浙江（279 家）紧随其后。[①] 粤、苏、浙三地专精特新上市企业数量占全国半壁江山，比重高达 50.5%。从 2023 年新增专精特新上市企业的区域分布看，粤、苏、浙三省依然位列三甲。江苏 2023 年新增专精特新上市企业数量最多，高达 44 家。广东、浙江并列第二，均有 38 家专精特新企业上市。

超五成专精特新上市企业集中在产业园区。截至 2023 年 12 月底，940 家专精特新上市企业集聚于高新技术产业开发区、工业园区、经济开发区、科技园区等各类产业园区内，占全国专精特新上市企业的比重高达 50.56%，集群式发展的特征尤为显著。其中，江苏省有 53.7% 的专精特新上市企业分布于各类产业园区内。在广东省，这一比例为 50.7%。[②]

（七）强链补链、数字化转型作用愈发凸显

专精特新上市企业中，超五成企业（56.7%）深耕在新一代信息技术、新材料、高端装备及汽车制造等核心产业领域。在中美竞争最前线的半导体领域，2023 年 A 股集聚了 108 家专精特新上市企业，为保障我国产业链供应链安全稳定提供了坚实基础和强大支撑；超八成企业（86.3%）属于制造业，数字化转型需求迫切，潜力巨大，引领示范效应明显。涌现了北京致远互联、安徽巨一科技、武汉中科通达、重庆宗申动力等一批专注数字化转型的典范企

---

① Wind 年度统计，国家工业信息安全发展研究中心整理。

② Wind 年度统计，国家工业信息安全发展研究中心整理。

业，打造了一批可复制、可推广的中小企业"链式"数字化转型典型模式，加快推动中小企业数字化转型。

二 发达国家支持优质中小企业发展的典型做法

（一）美国支持"利基企业"发展的政策举措

1. 全方位支持技术创新

为促进"利基企业"创新发展，美国国会根据《中小企业创新发展法案》，设立创新专项资金，主要包括小企业创新研究计划（SBIR）、小企业技术转移计划（STTR）、联邦与州政府联合计划（FAST）。①小企业创新研究计划（SBIR）：美国商务部、能源部、国防部、国家科学基金等11个部门每年将一定比例研发资金专用于中小企业技术研发，并加速其技术成果转化。②小企业技术转移计划（STTR）：美国国防部、能源部、宇航局、国家科学基金等联邦机构每个预算年度需将总预算的0.3%用于资助中小企业开展技术创新活动。③联邦与州政府联合计划（FAST）：属于竞争性支持计划，重点支持大企业与"利基企业"在前沿科技领域开展协同创新，推动中小企业前瞻性技术的产业化。

2. 多层次支持企业融资

直接融资层面，美国建立面向"利基企业"的多层次资本市场：①由美国证券交易所和纳斯达克小型资本市场构成的向中小企业提供股权融资服务的全国性市场；②由波士顿股票交易所、芝加哥股票交易所、太平洋股票交易所等地方性股票交易所构成的区域性股权交易市场；③由OTCBB粉单市场和灰色股票市场构成的、向广大中小企业提供股权融资的OTC市场。同时，美国根据《小企业投资法案》，设立政府风险投资基金，为"利基企业"提供风险投资基金。

间接融资层面，美国政府根据"利基企业"特点，设立长期的低息贷款计划，引导金融资源向"利基企业"倾斜。该类贷款计划由美国中小企业管理局（SBA）具体实施，主要包括最优贷款计划和发展性贷款计划两大类。其中，最优贷款计划允许"利基企业"向银行申请 500 万美元以下、最高 25 年还款期的长期信贷资金。银行发放贷款后，向 SBA 申请贷款担保。若企业发生贷款逾期，SBA 承诺向银行支付其未能偿还部分 75% 比例的信贷资金。此外，美国政府还实施一系列有关意外和出口的信贷援助计划，帮助"利基企业"健康发展。

3. 数字化推进公共服务

美国中小企业管理局专门搭建中小企业公共服务平台，为"利基企业"提供全方位的信息，包括政策信息、企业融资、经营管理、规避商业风险等。同时，中小企业管理局在每个州都设立分支机构，负责为相关郡、县的中小企业提供服务，从而实现公共服务线上线下互联互通，更加高效快捷帮助"利基企业"解决实际发展问题。在融资领域，美国专门建立小微企业金融数据平台，负责"利基企业"数据采集、整合、数据仓库管理和融资需求统计等。各类被授权的数据服务商定期对重点行业领域的"利基企业"开展信用评级，为银行、PE/VC 等投资机构提供决策支持，提高"利基企业"多渠道融资的可获得性。

（二）德国支持"隐形冠军"企业发展的政策举措

1. 建立特色化融资模式

一是设立中小企业政策性银行。德国复兴信贷银行旗下设立专门的中小企业政策性银行，为"隐形冠军"企业提供长期低息贷款，提高中小企业融资的便利度。这种独具特色的政策性信贷融资模式也被誉为助力德国"隐形冠军"中小企业立足全球的"金融之翼"。二是设立专门的股权投资基金。德国在欧洲研发计划（ERP）框架下，加强与欧洲投资基金的紧密合作，出资设立 ERP-Dash 基金，以母子基金的运营模式，弥补德国风险投资市场的资金缺口。直接设立专门支持"隐形冠军"企业发展的国家基金——高技术种子基金（High Tech Gründerfond），重点投向新一代信息技术、航空航天、装备制造等领域的"隐形冠军"企业，并加速其上市进程。

2. 给予特殊的市场支持

德国政府以"内外联动"的方式，支持"隐形冠军"企业扩大全球市场份额。在国内，德国政府在 GPA 的框架下，大范围推进"绿箱政策"，鼓励各级政府优先采购德国中小企业特别是"隐形冠军"企业的技术和产品，保护中小企业的市场竞争力。在国外，德国政府依托对外贸易商会，建立强大的全球市场网络，在 100 余个国家建立海外中心，支持"隐形冠军"企业扬帆出海，开拓海外市场，提高德国中小企业在全球产业链供应链中的市场竞争力。

3. 建立完善的信用体系

一是建立中小企业公共信用信息体系。德国的公共信用信息主要包括企业银行信贷登记结算记录、地方法院市场登记注册信息、破产法院受理的破产信息和地方法院债权债务关系等。公共信用信息体系强制收集中小企业有关债务、信贷、注册、破产等信息，并将一部分非敏感信息定期对社会公开。二是大力推动信用信息市场化应用。德国政府实施一系列优惠措施，支持市场化的信用服务机构、征信机构合规发展。德国商业银行、投资机构更关注征信机构提供的有关"隐形冠军"企业的信用评级报告。三是充分发挥协会、商会信息集聚的作用。德国协会、商会等社会组织较为发达，集聚大量"隐形冠军"企业。协会、商会直接贴近中小企业，在给予中小企业信息服务、市场开拓、产业咨询和人才培育等公共服务过程中，将中小企业实际信息补充到信用信息体系中，推动中小企业信用信息体系进一步完善。

（三）日本支持"高利基企业"的政策举措

1. 建立完善的法律法规体系

自 1963 年起，日本制定并实施了全国纲领性法规《中小企业基本法》，从顶层设计角度，在创新研发、融资促进、市场开拓等多方面对"高利基企业"给予全方位支持。截至目前，日本专门制定了《中小企业金融公库法》《中小企业信用保险公库法》《中小企业信用保障协会法》《中小企业振兴资金资助法》《中小企业现代化扶植法》《中小企业新事业活动促进法》《产业活力及革新的特别措施法》等多部支持"高利基企业"发展的法律法规，形成了较为完善的中小企业法律制度体系。

2. 多渠道促进中小企业融资

一方面，壮大信贷"供给主体"。日本建立了互助银行、地方银行、信用金库、劳动金库等多种形式的市场化信贷机构，这些金融机构提升"高利基企业"融资可得性。另一方面，建立政策性融资渠道。日本通过中小企业金融公库和日本开发银行等政策性金融渠道，为"高利基企业"提供多种金融产品。中小企业金融公库主要是提供长期固定利息贷款，发放设备资金贷款和特别贷款，重点支持新兴领域中小企业。日本开发银行为前沿技术型和成长性高的"高利基企业"提供知识产权担保融资。

3. 设立专项创新支持计划

日本结合本国"高利基企业"特点，仿照美国模式，设立具有特色的中小企业创新研究计划。充分利用国家科学研究经费，支持"高利基企业"与大企业或科研院所联合开展前沿技术研究和关键技术产业化。同时，日本还专设"企业诊断所"和全国性的中小企业诊断协会，帮助"高利基企业"快速便捷地获得法律、信息、市场、财务、政策等公共服务。

三 相关发展建议

（一）加大技术创新支持力度

一是由工业和信息化部牵头，联合财政部，面向国家重大战略需求，择优遴选一批头部专精特新上市企业。加大研发费用补贴力度，重点支持专精特新上市企业和产业链龙头企业、国家级科研院所开展联合攻关，进一步提高技术研发的财政补贴比例，着力推动企业做大做强。二是在已有专精特新"小巨人"企业评选基础上，积极稳妥谋划新一轮专精特新中小企业支持政策。立足专精特新上市企业"两集中"的特征，以产业园区为核心，重点支持一批产业集聚效应强、协同配套能力高、专精特新企业多的高新技术园区、特色产业集群，鼓励各地产业园区开展专精特新培育基地建设。三是对于工业母机、集成电路、新材料、新能源电池等重点领域以及量子信息、合成生物、类人机器人、通用智能等未来产业，设立重大研发计划，灵活运用"揭榜挂帅""赛马制"等方式，重点支持专精特新上市企业开展前沿技术、颠覆性技术创新，加大从原创技术策源到产业化的全生命周期的支持力度，健全技术研发容错机制，激励企业大胆创新。

（二）强化专精特新融资支持

一是加强动产融资。加强专精特新上市企业的知识产权体系建设，以专精特新上市企业为试点，探索知识产权质押融资，加强对知识产权运营、管理、服务等机构的财税支持，优化知识产权融资的外部环境。设立省级知识产权质押融资风险补偿资金，通过风险共担、收益分享，引导银行业等金融机构拓展知识产权质押融资渠道。依托中征应收账款融资服务平台，引导国有大企业、大型民营企业等供应链核心企业对接平台，以点带链，以链带面，推进应收账款质押和转让登记。大力发展供应链金融，以财政补助和中国人民银行再贷款专项额度等方式，支持金融机构创新产品和业务模式，为供应链票据提供贴现、质押等融资服务，对金融机构贴现的供应链票据原则上给予全额再贴现。二是加强直接融资。深化注册制改革，支持专精特新"小巨人"企业在北交所开展上市辅导、材料申请、审查核准等，形成有梯度、有力度、见实效的常态化直接融资机制。充分发挥国家和地方中小企业发展基金的引领示范作用，有效撬动社会资本，重点投向种子期初创期成长型中小企业，拓宽中小企业融资渠道。三是加强制度建设。按照国务院常务会议要求，尽快建立融资信用服务平台，健全中小企业信息披露和资信调查制度。建立市场化运作的信用管理制度，进一步完善金融信用信息基础数据库，强化中小企业信用信息归集与应用，更加高效对接金融服务。支持地方政府建立以中小企业替代数据为核心的征信平台，解决信息不对称问题，提高中小企业信息透明度。

（三）加强公共服务体系建设

一是进一步健全与专精特新上市企业常态化沟通交流机制，定期召开重点企业座谈会，及时响应企业提出的问题和建议，稳定发展预期。二是盘活国家和地方中小企业公共服务平台，集聚优质服务资源，打通线上线下渠道，开展有针对性的政策咨询、融资诊断、财务规划、信用评价、项目展示、创新研发、市场拓展等服务。三是延伸服务链条，深入推进中小企业经营管理领军人才、中小企业人才素质提升工程，充分发挥高等院校、职业院校、协会商会等优势，对接优质资源，探索"互联网+"培训新模式，扩大培训覆盖面。

（四）支持专精特新企业"出海"

一是建立由工信、发改、商务、外汇、海关等部门组成的工作专班，将我国对外投资重点地区的营商环境、外商投资限制、法律流程、劳工法规、税收制度、信息安全等法规信息进行归集整理，为专精特新上市企业对外投资提供一站式信息服务。二是积极拓展海外中小企业中心，在共建"一带一路"国家建立中小企业海外基地。发挥海外桥头堡作用，帮助中小企业开拓海外市场，对接投资信息，加强贸易往来。三是研究制定一揽子对外投资政策，重点支持专精特新上市企业通过借助"马甲"、借道第三国等方式，赴美、欧、日、韩等发达国家和地区设立海外研发中心，引进工业母机、集成电路、新材料、量子信息、合成生物、类人机器人、通用智能等领域的国外领先技术。

B.8
专精特新"小巨人"企业股权融资
情况分析

武昭媛*

摘　要： 2023 年，专精特新"小巨人"企业股权融资整体情况稳中向好，创业板、北交所已成为其上市融资的主战场，新三板挂牌企业数量持续回升。但专精特新"小巨人"企业的发展依然存在政策支持不够精准、公共服务机制不健全等问题。因此，未来需强化政策支持，完善科技创新体系，深入推进数字化转型，全面营造良好发展环境。

关键词： 专精特新　股权融资　"小巨人"企业

融资是根，事关企业命脉。解决融资的难与贵问题是中小企业健康发展着重考虑的首要问题。即使是中小企业群体中的"领军者"——专精特新"小巨人"企业在发展过程中亦面临诸多融资阻碍。目前，专精特新"小巨人"企业累计超过 1.2 万家，融资需求庞大，急需优质金融资源持续为其注入源头活水，推动企业高质量发展。相比银行信贷，股权融资具有长期性、低风险、强增信等显著优势，已成为专精特新"小巨人"企业缓解融资难、融资贵的重要手段。鉴于此，深入分析专精特新"小巨人"企业股权融资情况，找准存在的

---

* 武昭媛，博士，国家工业信息安全发展研究中心保障技术所助理研究员，主要研究方向为中小企业数字化转型、企业成长路径。

症结和问题，对于促进专精特新中小企业发展、加快推进新型工业化具有重要意义。

一　2023年整体融资情况

（一）投融资规模不断下滑

2023年，受宏观经济复苏放缓、IPO监管政策收紧等影响，国内股权融资市场整体处于低迷状态，延续了2022年下滑趋势。专精特新"小巨人"企业股权融资亦出现较大幅度下滑。2023年我国专精特新"小巨人"企业共发生融资事件692起，与2022年相比下降35.1%；融资金额达562亿元，同比下降高达50%（见图1）。

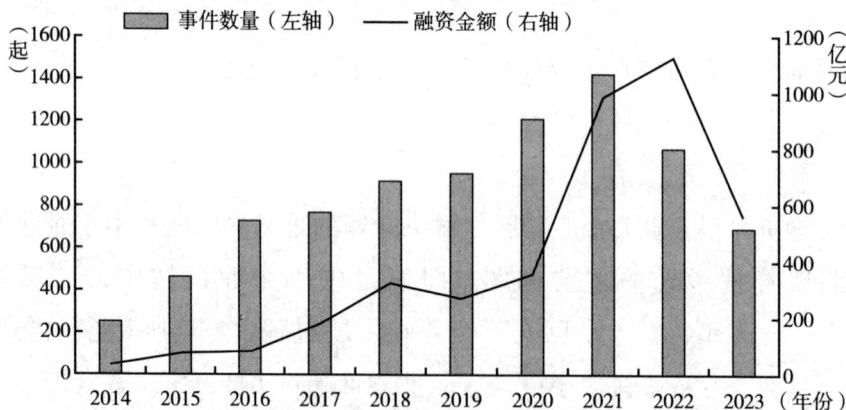

图1　2014~2023年我国专精特新"小巨人"企业投融资情况

资料来源：Wind，国家工业信息安全发展研究中心整理。

从地区分布来看，2023年692起专精特新"小巨人"企业融资事件分布在全国26个省（区、市），前五名分别为广东、北京、江苏、上海、浙江，融资事件数量分别为132起、109起、80起、72

起、57 起，共计 450 起，占比 65%。从金额来看，前五名分别为上海、广东、江苏、北京、四川，公开披露融资金额分别为 98 亿、97亿、92 亿、77 亿、60 亿元，共计 424 亿元，占比 75%（见图2）。

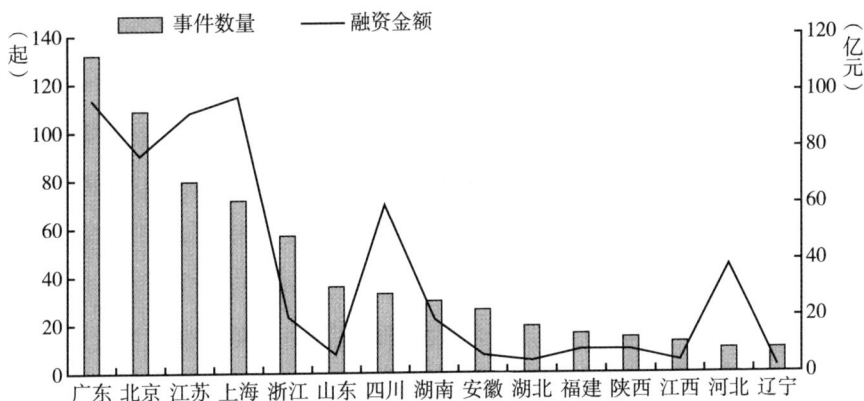

图 2　2023 年我国专精特新"小巨人"企业融资事件地区分布

资料来源：Wind，国家工业信息安全发展研究中心整理。

从投资机构角度来看，2023 年深创投参与投资专精特新"小巨人"事件最多，达到 19 起，参与事件数量前十的投资机构分别为深创投、毅达资本、中金资本、中信建投资本、尚颀资本、中芯聚源、国投招商、国风投基金、达晨财智、国投创业（见图3）。从行业看，半导体、新材料、高端装备等领域专精特新"小巨人"企业最受投资机构关注。

（二）创业板、北交所成融资主战场

2023 年，我国共 145 家专精特新"小巨人"企业 IPO，包括 A股 137 家、港股 6 家、美股 2 家。137 家 A 股中上证主板 9 家、深证主板 5 家、创业板 46 家、北交所 42 家、科创板 35 家，分别占相应板块 2023 年 IPO 总量的 24%、22%、42%、55%、53%（见图4）。

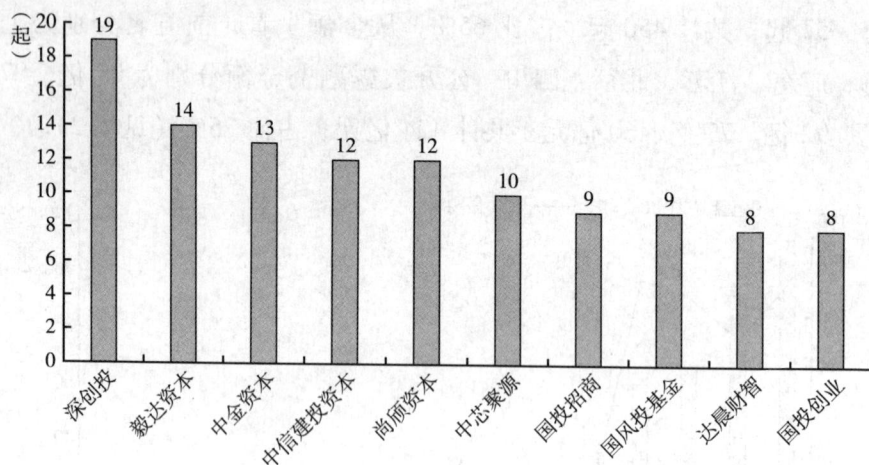

图3　2023年投资机构参与融资事件数量前十

资料来源：Wind，国家工业信息安全发展研究中心整理。

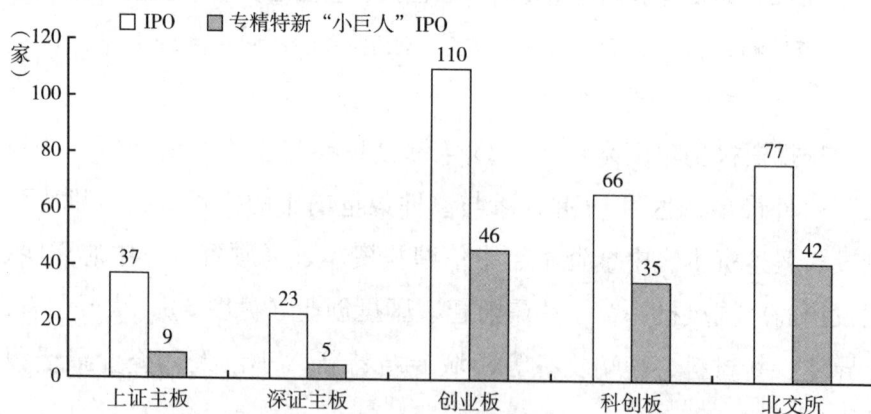

图4　2023年A股专精特新"小巨人"企业IPO板块分布

资料来源：Wind，国家工业信息安全发展研究中心整理。

从总体IPO数量来看，2023年145家专精特新"小巨人"企业完成IPO，与2022年（205家）相比下降29%（见图5）。

从地区来看，2023年共有8个省市新增上市专精特新"小巨人"

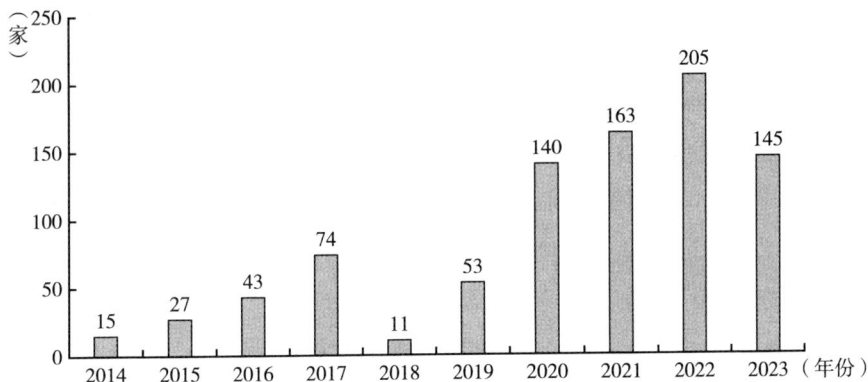

图5 2014~2023 年我国完成 IPO 专精特新"小巨人"企业数量

资料来源：Wind，国家工业信息安全发展研究中心整理。

企业超过 5 家，江苏、浙江、广东位列前三名，分别为 28 家、25 家、21 家（见图6）。

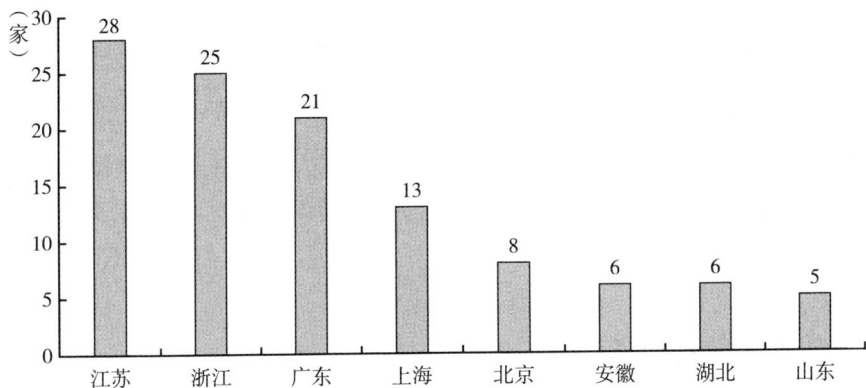

图6 2023 年新增专精特新"小巨人"上市企业区域分布

资料来源：Wind，国家工业信息安全发展研究中心整理。

（三）新三板挂牌企业数量持续回升

根据新三板公开数据，2023 年新三板挂牌专精特新"小巨人"

企业 113 家（含 10 家二次挂牌企业），较 2022 年的 97 家（含 6 家二次挂牌企业）增长 16.5%（见图 7）。

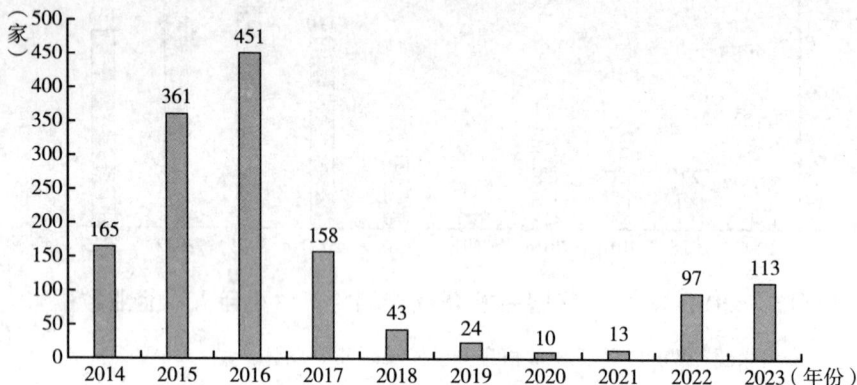

图 7　2014~2023 年专精特新"小巨人"企业新三板挂牌数量

资料来源：全国中小企业股份转让系统，国家工业信息安全发展研究中心整理。

2023 年，另有 10 家专精特新"小巨人"企业通过二次挂牌新三板，加快迈向北交所上市战略步伐。现行政策下，企业在北交所上市主要通过在新三板基础层挂牌，再转为创新层，一年后可以申请北交所 IPO，或挂牌同时定向发行股票进入创新层，挂牌一年后向北交所申报 IPO。

（四）并购持续活跃

2023 年，专精特新"小巨人"企业并购交易延续活跃氛围，全年以专精特新"小巨人"企业为标的的并购事件有 58 起，披露交易金额 232.6 亿元，单笔并购交易金额超过 4 亿元。从各月数据来看，并购事件数量整体呈上升趋势，12 月专精特新"小巨人"企业披露并购事件数量最多，达到 13 起；并购交易金额呈波动态势，8 月披露并购交易金额最大，为 48.3 亿元（见图 8）。

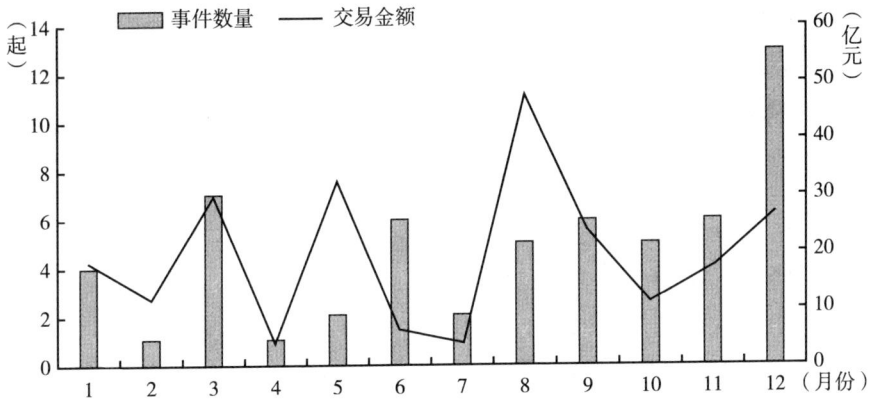

图8　2023年"小巨人"企业并购事件数量及交易金额

资料来源：投资界，国家工业信息安全发展研究中心整理。

二　专精特新"小巨人"企业发展面临的问题

（一）政府层面：政策支持精度有待进一步提升

1. 公共服务机制需更加全面

近年来，中央多次发文支持专精特新"小巨人"企业发展，国家层面密集推出多项与加强专精特新企业培育相关的举措，重点围绕专精特新中小企业全生命周期需求，引导各类市场化服务机构参与建设专属"专精特新"企业的服务体系。当前，虽然各地方中小企业公共服务平台已通过采集入库、加强合作、推广宣传等方式实现了线上线下相结合的服务，但在利益机制方面仍有一定缺陷，所有者和经营者之间的"共生"利益关系并未完全建立，结构与模式单一、重资产轻服务、重建设轻培育的问题普遍存在，创新链、产业链、资金链等社会资源的嵌入及整合不足，尚未针对"小巨人"企业不同生命周期提供"全要素培育"。公共服务机制需更加全面，技术服务上应将标准研制融入共性技术平台建设，缩短新技术、新工艺、新材料、新方法标准研制周期，加快成果转化应用步伐；法律维权服务、数字化赋能服务、专业咨询服务等仍需加快全面推进；此外，人才培养及保障机制有待进一步加强，部分专精特新中小企业仍面临吸引人才、留住人才的难题。

2. 融资需求匹配需更加直接

中小企业融资难融资贵问题长期存在，专精特新"小巨人"企业同样面临此难题，当前的金融体系尚不能很好地满足其发展需求，融资需求匹配仍然不够直接。对于债权融资而言，抵押贷款还是目前贷款方式中占比最高的，而符合抵押贷款要求的多数是不动产资产占比较高的制造业。从统计结果可以看出，专精特新"小巨人"企业高度集中在制造业，而医药、通信等行业企业多以轻资产为主，应适时增加担保物范围，例如动产和权利融资以及知识产权质押融资、供应链融资等。银保监会工作会议也再次强调"更好服务关键核心技术攻关企业和'专精特新'企业"。

对于股权融资而言，一方面，当前针对专精特新"小巨人"上市企业的专项基金数量偏少、规模偏小，纾困帮扶力度仍需加大；另一方面，近几年专精特新"小巨人"企业上市速度不断加快，但也应注意到随着注册制改革全面落地，我国二级市场IPO出现收紧信号，2023年8月27日，证监会发布的《证监会统筹一二级市场平衡 优化IPO、再融资监管安排》中也指出，要阶段性收紧IPO，促进投融资两端的动态平衡，意味着专精特新"小巨人"企业上市侧重点正从加速转向"优质"的界定。此外，当前财政补贴和税收优惠政策对于中小企业纾困有直接的作用，目前针对高新技术企业的减税降费支持力度不断增大，对于其中专精特新"小巨人"企业申报审批机制仍需优化，尤其是西部地区政府公共治理和运作机制亟须创新优化，既要确保财政补贴直接到位，也要谨防套现事件诱发系统性风险。

3.差异化支持引导需更加精准

当前专精特新"小巨人"企业扶持政策对企业在人才培养、研发创新、市场开拓、数字化转型等方面存在的共性需求给予充分支持，但由于各地自然资源、产业链优势各有千秋，且专精特新"小巨人"企业所处行业垂直且细分，部分差异化需求尚未得到满足。对于自然资源较为稀缺、整体产业链相对薄弱的地区来说，专精特新"小巨人"企业在技术创新、上市辅导、创新成果转化与应用、数字化智能化改造、上云用云及工业设计等方面的需求仍存在较大的潜在释放空间。对于自然资源丰富、产业链相对完整的地区来说，应侧重产学研协同创新和产业链协作配套建设，使专精特新"小巨人"企业形成产业集群效应，提升"小巨人"企业的核心竞争力和抗风险能力。此外，专精特新"小巨人"企业所处行业细分领域多，面临的经营困境不尽相同，国内经济三重压力、国外地缘政治冲突、欧美地区超预期通胀等因素更是加剧了其中的差异性，专精特新"小巨人"上市企业的营运能力和营利能力有分化趋势。机械、汽车等传统制造业专精特新"小巨人"企业由于重资产的特性，面临的经营困难源于资金的周转，直接受制于下游需求减弱和库存积压；而医药生物、电子信息等高技术行业专精特新"小巨人"企业面临的困难来源于研发和创新的投入，短债长投、资金使用效率偏低、科技成果转化不畅等问题仍长期存在。

（二）企业层面：核心竞争力有待进一步提高

1.创新研发能力和重点领域研究有待加强

一方面，专精特新中小企业专业程度高、创新能力强、发展潜力大，上市专精特新"小巨人"企业更加注重创新主体作用的发挥，创新能力处于行业领先水平，但整体上仍存在持续创新能力不足、协调创新能力不强、研发创新投入质量不高等问题。根据对上市专精特新"小巨人"企业的统计，其整体上在研发投入和研发人员配置上积极布局，但各上市专精特新"小巨人"企业间仍有较大的差异。与创业300企业相比，上市专精特新"小巨人"企业研发支出占比较高，而研发人员数量占比仍有一定差距。但也应注意到专精特新"小巨人"上市企业研发投入与归母净利润、净资产收益率等盈利指标已初步呈现正相关关系，专精特新"小巨人"上市企业创新研发能力仍需进一步提升。

另一方面，对于专精特新"小巨人"企业来说，现阶段更应重视并实施长期发展战略，坚持长期专注并深耕于产业链某一环节或某一产品领域，助力推进我国各行各业实现"自主可控"的战略目标。根据工信部的公开统计数据，专精特新"小巨人"企业申报通过率连续三年逐年下滑，其主要原因集中于主导产品领域不符合，以及产业链关键领域实现"补短板""填空白"成效不明显。目前我国自主研发实力正快速提升，中小企业对于专精特新技术的发展和理解也应及时更新，坚持在细分领域的关键价值链环节精耕细作。

2. 数字化转型发展路径有待进一步探索

当前"5G+工业互联网"大背景下，互联网、大数据、人工智能与实体经济加快深度融合发展，数字赋能成为推动企业高质量发展的关键。数字化转型投资周期长、成本高，与大企业相比，"数字鸿沟"在一定程度上导致专精特新"小巨人"企业出现转型动力和能力不足。此外，专精特新"小巨人"企业也由于行业垂直且细分的特点，在数字化转型进程中经常面临内外供需不通畅的问题，缺乏完整的数字化转型战略和框架支撑，数据的整合和集成能力不足问题难以在短期内得到有效改善。专精特新"小巨人"企业在寻求第三方平台支持的同时，也应结合自身业务发展需要和经营特点，积极融入数字化生态，有序推进生产经营的数字化转型。上市专精特新"小巨人"企业更应该利用良好的融资环境合理加快数字化转型步伐，形成行业引领，带动更多中小企业进行数字化转型。

三　未来建议

（一）强化政策支持，营造良好发展环境

一是要从专精特新"小巨人"企业治理、技术创新、产品应用、人才引进以及奖励政策等方面，推动资源向专精特新"小巨人"企业集聚。各地区政府部门可引导市场化服务机构通过公共服务示范平台提供专精特新企业专属产品，鼓励其发展壮大；对辖区重点企业可采用"一企一策"，通过"一户一档"为其成长配套税收、人才、金融、科技等服务，不断积累经验形成典型模式，在政策体系上激发地方创新创业活力，推动传统中小企业向专精特新"小巨人"企业转型。中西部和东北地区可参考东部沿海地区的先进经验，政府公共服务能力具有较大的进步空间。

二是要因地制宜推进专项服务，多维度精准对接支持政策。资金方面健全补贴机制，包括新产品补贴、技术配套补贴、研发准备金等，国有银行带头推出"专精特新"企业创新产品与服务。人才方面，对于高校、国央企、人力资源服务机构等主体应从人才招引与培育两方面发力，为专精特新"小巨人"企业夯实人力、智力基础，尤其是东北、西部近几年人才流失较为严重的地区，可加大补贴力度，例如专业技能补贴、人才引进补贴、安家落户补贴等。市场方面，政府应加大宣传和采购力度，推动专精特新"小巨人"企业间市场、消费者市场和政府共同发力，疫情后医药生物、电子通信等产业结构变化较大，政府应协助建立稳定供应商关系、确保供应链畅通。

三是要继续深化开展"放管服"改革，推动公共服务高质量发展，打造市场公平竞争环境。各级政府引导专精特新"小巨人"企业加强自身创新能力以及企业间协同合作，通过推动产学研合作加强

产业生态融合发展。高技术企业较多的东部地区应继续健全产权保护机制，畅通企业维权渠道，构建亲清新型政商关系。东北、西部等自然资源较为丰富的地区应加大反垄断力度，对垄断企业进行有效的法律规制，为专精特新"小巨人"企业发展提供空间。

四是要强化金融精准服务，加快推进专精特新专项活动进程，优化专精特新"小巨人"企业融资环境。深化"政银企保"衔接工作机制，政府与金融机构及时共享企业名单，建立专精特新"小巨人"企业融资服务专区，逐企摸排融资需求，为专精特新"小巨人"企业精准画像，量身定制金融服务方案。加大贷款支持力度，对优质专精特新"小巨人"企业的生产经营贷款给予再贷款再贴现等货币政策支持，对于非贴现的流动资金贷款和固定资产贷款给予一定贴息补助。通过融资担保代偿补偿风险分担资金池安排专项额度，为专精特新"小巨人"企业融资增信，切实降低企业融资成本。加强产融对接，做好上市辅导，加快推动一批专注于细分市场、聚焦主业、创新能力强、成长性好的专精特新"小巨人"企业上市。

五是专精特新"小巨人"企业长期深耕细分领域，专业化程度高、创新能力强，是我国产业发展的"排头兵"，但由于行业覆盖范围广、地域间发展不同，仍需进一步加强差异化发展，在细分领域建立竞争优势，补齐我国经济发展短板，疏通完善产业链。从地域分布来看，专精特新"小巨人"企业多数集中于东部沿海地区。这些地区产业链较为完整，长期发挥引领国家经济发展的引擎作用，应侧重产业集群效应和规模效益的提升。例如，北京围绕龙头企业薄弱环节，组织专精特新中小企业开展揭榜攻关和样机研发，支持专精特新"小巨人"企业围绕产业链布局开展并购重组；山东围绕专精特新中小企业重点分布的产业链，采取政府指导、平台承办、双向互动的形式，常态化组织产业链"链主"与上下游专精特新"小巨人"企业进行供需对接。中西部产业链相对薄弱的地区，应侧重继续加强公共服务平台的建设和运营，建立有效及时的信息共享和协作机制，促进地方政府与专精特新"小巨人"企业的沟通与交流，提供差异化支持和引导，深层次激发创新活力和发展潜力。从产业分布来看，近年来我国加快对生物医药、新一代信息技术"小巨人"企业的培育，但根据数据统计，机械设备、汽车、基础化工等传统行业"小巨人"企业仍占较大比重。传统领域与新经济领域的政策需求差别很大，在施策过程中，应充分考虑到不同行业的特点，加强差异化政策支持，开展精准服务。对于传统行业领域的"小巨人"企业而言，传统成本优势正逐渐丧失，应促进"小巨人"企业同跨境电商、多维营销相结合，进一步拓展内外部市场渠道，支持企业走制造业服务化升级的路径。对于新经济领域的硬科技高成长性企业，应健全"发现—引育—遴选—服务—跟踪"的全链条服务机制，提升平台资源集聚能力，针对国际"卡脖子"现象加大对共性技术的攻关扶持力度，同时多措并举解决创新瓶颈及人才支撑不足问题。

（二）完善科技创新体系，夯实创新制度保障

一是要确立创新生态观，从生态系统的角度重新阐释创新范式，加快专精特新"小巨人"企业创新发展。随着国家自主创新战略的深化，专精特新"小巨人"企业越来越注重创新的作用，然而多数企业对创新的理解还不够深入，忽视了社会网络企业创新的影响。目前，产业集群已经从一个封闭简单的"企业群"转变为一个动态开放的产业集群"生态系统"，应尽快探索社会网络促进"生态系统"的全方位深度协作作用，达到资源互补共享，提升创新能力的目的。上市专精特新"小巨人"企业要作为科技创新生态体系的关键部分，在充分享受系统内创新资源的同时贡献更多的创新因子，有效增强科技创新生态系统的活力，提高创新的可持续性。

二是要充分利用我国超大规模市场和完备产业体系优势，提高创

新迭代速度和大规模应用能力，衔接好应用基础研究和产业化之间的断层。"小巨人"企业是我国科技创新的主体，要充分发挥在创新要素集成和科技成果转化方面的生力军作用，完善科技创新生态体系。加快开展补链强链延链专项行动，以补链应对"卡脖子"难题，以强链增加产业国际竞争力，以延链抢占未来发展风口，不断强化"小巨人"企业在增强产业链供应链韧性、优化全球价值链布局中的作用。

三是要注重创新促进科技成果转化的机制和模式，从规范赋权流程、赋予单位自主权、建立尽职尽责机制方面，做好顶层设计，聚焦成果所有权和长期使用权改革。加快统筹在全面创新改革试验区、国家自主创新示范区、国家科技成果转移转化示范区的试点工作，形成可复制、可推广的经验和做法。全面落实地方"小巨人"企业科研人员职务成果所有权或长期使用权，实施产权激励，完善科技成果转化激励政策，激发科研人员创新积极性。

四是要坚持帮扶和发展并举，加大培育和创新支持力度，以专注铸专长、以配套强产业、以创新赢市场，实现专精特新发展，落实落细中小企业惠企政策，深度开展中小企业发展环境第三方评估工作部署，不断强化"政策惠企、环境活企、服务助企、创新强企、人才兴企"，高质量发展壮大专精特新中小企业，涌现更多的"小巨人"企业。

五是要深化全产业链协同创新，结合产业链特色，以链式思维引领大型企业带动产业链上中下游专精特新"小巨人"企业协同发展，有效提升产业链供应链韧性和安全水平，按照"一链带多核、一链多平台、多链共平台"的思路，建立产业链上中下游供需对接机制、项目共建机制、成果共享机制和生态共建机制，实现多维度协同，建立共享新机制。包括共筑新基础，发挥重大工程和重点项目的强引擎、硬支撑作用；共享新成果，加强管理创新和商业模式创新；共创新生态，发挥龙头企业产业主导作用，强化产业链供需协同，引领带动"小巨人"企业参与新型价值创造体系建设。

六是要加快培育中小企业特色产业集群。发挥企业集群集聚发展产生的正外部性，集成和开放创新基础设施和服务资源，推动集群与大型企业、高等院校和科研院所建立稳定的创新合作机制。建设先进制造业集群、战略性新兴产业集群、创新型产业集群，探索建立以中央企业为牵引，专精特新"小巨人"企业、制造业单项冠军等优质中小企业为支撑，大中小企业融通发展的新格局。

（三）加速数字化赋能，强化技术升级改造

随着新一轮科技革命和产业变革深入推进，数字化转型已成为专精特新"小巨人"企业提升核心竞争力、实现高质量发展的关键举措。第一，政府开展企业数字化赋能专项行动，推进专精特新"小巨人"企业数字化转型、制定数字化转型的长期发展规划，打造数字化转型解决方案库、服务商库和产品集，开展试点企业数字化改造工程，搭建完善公共服务平台，通过集群化推广模式等措施，赋能专精特新"小巨人"企业数字化转型，推动链式转型与融通发展。第二，要让中小企业着眼长期发展积极拥抱数字化，推崇数字化思维和创新精神，根据业务发展需要和企业自身情况，有序推进生产经营活动的数字化转型，积极融入数字化生态，在提高产业协同发展能力和资源配置效率的同时，为数字化生态的不断优化提供支撑。第三，要充分发挥第三方赋能作用，建立"龙头企业+孵化"的大中小企业协同创新载体和专业化技术公共服务体系。加快5G基站、大数据中心等新型基础设施建设，促进专精特新"小巨人"企业的数据要素汇集及其在产业链上下游的充分流通，扩大数据生产力乘数效应。同时，政府也应促使第三方供应商提供"一站式"数字化服务，纾解"小巨人"企业数字化困局，以点带面、以点带链，切实满足转型需求。

专题篇 ▷

B.9

亚太经合组织支持中小企业数字创新
绿色发展的政策与实践

李文阳　夏英非　杨卓凡*

摘　要：　中小企业是数字创新和绿色发展的积极参与者和重要力量，在促进经济增长、技术创新、增加税收、吸纳就业、改善民生等方面具有不可替代的重要作用。随着新一轮科技革命和产业变革蓬勃兴起，新一代信息技术广泛应用，数字技术日新月异，为数字经济融入社会发展各领域全过程提供有力支持。数字创新既包括数字技术本身的创新，又包括数字技术支持下的产品、过程、组织和模式的创新。充分发挥数字创新的赋能作用，能有效缓解资源、环境等方面的压力，增强供应链与产业链的弹性，实现绿色可持续发展目标。

---

* 李文阳，国家工业信息安全发展研究中心保障技术所工程师，主要研究方向为中小企业专精特新发展、融资促进及国际化；夏英非，主要研究方向为中小企业数字化转型、中小企业国际化；杨卓凡，国家工业信息安全发展研究中心保障技术所高级工程师，主要研究方向为数字经济、产业转型、互联网治理与国际交流合作。

关键词： 亚太经合组织经济体　中小企业　数字化　绿色化

当下，全球正处于从高碳向低碳及近零碳转型的重要历史时期，推动绿色能源的可持续发展和产业价值链重构，将是人类社会长期的共同课题。2023 年 APEC 领导人《金门宣言》强调，必须利用数字创新和技术进步，刺激经济增长，并应对包括气候变化在内的所有环境挑战，共同推动 APEC 各经济体朝着韧性、可持续性、互联互通、创新和包容性方向发展。深刻认识和理解 APEC 各经济体在数字化和绿色化方面的政策体系，有利于强化数字创新与绿色转型的政策支撑，加强区域间政策协同，落实推动平台化发展、构建绿色供应链网络、提高数字技术创新水平、加大政策支持力度、促进国际交流与合作等措施，深化数字化、绿色经济和供应链互联互通领域的合作与对话，以提升亚太区域抵御未来经济冲击的能力，缩小区域发展差距。

一　APEC 经济体整体中小企业发展现状

中小企业是国家财富的重要创造者，在推动经济发展、扩大劳动就业、促进技术创新、改善社会民生等方面具有不可替代的作用。中小企业可以利用自身的规模、网络、人才和技术优势，支持可持续发展，创造积极的社会影响力。世界经济论坛数据①显示，全球中小型企业（SMEs）和中型公司约占全球企业总量的 90%，提供约 70% 的就业机会，据估计，它们对全球 GDP 的贡献高达 70%。从 APEC 经

---

① Small Business, Big Problem: New Report Says 67% of SMEs Worldwide Are Fighting for Survival, World Economic Forum, 2022.12, https://www.weforum.org/press/2022/12/small-business-big-problem-new-report-says-67-of-smes-worldwide-are-fighting-for-survival/.

济体中小企业整体现状来看，中小企业占企业总数的比重高达99%。就发达经济体而言，规模以上中小企业对就业的贡献往往超过60%，而新兴经济体规模以上中小企业的就业贡献在50%左右，新兴经济体中小企业对GDP的贡献率也小于发达经济体。从行业分布上看，各经济体中小企业主要集中在服务业，并且和经济体的主要特色行业相一致。

二 APEC重点经济体中小企业发展情况及相关政策

（一）中国

1.中小企业发展状况与特点

截至2022年末，全国中小微企业数量达5200万户，我国中小微企业法人单位数量占全部规模以上企业法人单位的99.8%，吸纳就业占全部企业就业人数的79.4%[①]。中国已培育出五批专精特新"小巨人"企业，现共有12950家专精特新"小巨人"企业，专精特新企业培育工作取得成显著成效。新一批专精特新"小巨人"企业中，新一代信息技术、高端装备制造、新材料和新能源领域占比位列前四，合计占比达79.4%，高于前四批合计占比20.7个百分点。具体到细分领域，电子核心产业、智能制造装备、先进石化化工新材料、下一代信息网络和人工智能合计占比达51.9%，高于前四批15.5个百分点。[②] 由于专精特新企业行业集中领域也是数字创新和绿色发展的前沿领域，中国打出了一套加快数字化、平台化、链式化发展，增

[①] 《我国中小微企业已超5200万户》，2023年6月，https://www.gov.cn/lianbo/bumen/202306/content_6887257.htm。

[②] 工业和信息化部公开数据，国家工业信息安全发展研究中心整理。

强多层次资本支持的政策组合拳。

2.数字化绿色化政策

中华人民共和国主席习近平提出，要深化人工智能等数字技术应用，建设绿色智慧的数字生态文明。加速数字化绿色化协同发展，是建设绿色智慧的数字生态文明的重要组成部分，也是实现经济转型升级和高质量发展、实施数字中国战略的重要举措。中国倡导坚持创新驱动，抓住新一轮科技革命和产业变革的历史性机遇，加速科技成果向现实生产力转化，打造开放、公平、公正、非歧视的科技发展环境。坚持人与自然和谐共生。完善全球环境治理，积极应对气候变化，构建人与自然生命共同体。加快绿色低碳转型，实现绿色复苏发展。2021年，工业和信息化部发布《"十四五"工业绿色发展规划》①，提出加速生产方式数字化转型，以数字化转型驱动生产方式变革，采用工业互联网、大数据、5G等新一代信息技术提升能源、资源、环境管理水平，深化生产制造过程的数字化应用，赋能绿色制造。

2022年，科学技术部等九部门联合发布《科技支撑碳达峰碳中和实施方案（2022—2030年）》②，提出发挥企业创新主体作用的研究模式，加快培育颠覆性技术创新路径，引领实现产业和经济发展方式的迭代升级。建立低碳技术验证服务平台，为企业开展绿色低碳技术创新提供服务和支撑。持续深化低碳科技创新领域国际合作，支撑构建人类命运共同体。

---

① 《"十四五"工业绿色发展规划》，2021年11月，https：//www.gov.cn/zhengce/zhengceku/2021-12/03/5655701/files/4c8e11241e1046ee9159ab7dcad9ed44.pdf。

② 《科技支撑碳达峰碳中和实施方案（2022—2030年）》，2022年6月，https：//www.gov.cn/zhengce/zhengceku/2022-08/18/5705865/files/94318119b8464e2583a3d4284df9c855.pdf。

中国建立了碳中和信息平台[①]、中国碳核算数据库（中华人民共和国科学技术部国际合作司等机构支持)[②]，为中小企业提供最新信息公示、碳中和活动申报服务和标识管理服务。工业和信息化部提出未来将建立低碳技术验证服务平台。此外，中国碳排放权交易市场通过实施排放权的买卖交易，激励本国企业排放减量，促进中小企业采取措施减少温室气体排放。

中国政府通过鼓励地方财政加大对绿色低碳产业发展、技术研发等的支持力度，创新支持方式，引导更多社会资源投入工业绿色发展项目。扩大环境保护、节能节水等企业所得税优惠目录范围。开展绿色金融产品和工具创新，完善绿色金融激励机制，有序推进绿色保险。加强产融合作，出台推动工业绿色发展的产融合作专项政策，推动完善支持工业绿色发展的绿色金融标准体系和信息披露机制，支持绿色企业上市融资和再融资，降低融资费用，研究建立绿色科创属性判定机制。[③]

（二）美国

1. 中小企业发展状况与特点

美国小企业管理局（SBA）数据显示[④]，2023 年，美国中小企业数量达到 3330 万家，几乎占美国企业总数的 99.9%。目前美国有 6160 万小企业雇员，他们占美国劳动力的 45.9%，小企业大约创造了国内生产总值的 43.5%，在出口中占比约 32%。美国科技型小企业的创新成果众多且更新速度快。从科研投入看，37% 的高科技员工在小企业工作；从创新成果看，70% 的技术创新是小企业实现的，科

---

① http：//cn. edcmep. org. cn/.

② https：//www. ceads. net. cn/.

③ 《"十四五"工业绿色发展规划》，2021 年 11 月。

④ Small Business Administration（SBA），https：//www. sba. gov/.

技投资回收期约比大公司短 1/4。这得益于美国法律制度和有关机构的制度保障、多层次资本市场为中小企业提供完善的融资结构，以及创新精神、人才政策和税收优惠等多举措并举为中小企业赋能。作为信息技术的重要创新者和引领者，美国政府赋能科技型中小企业绿色发展的主要政策措施包括重视技术领域政策支持、部署数据和智能技术脱碳行动框架、支持建立关键和新兴技术国际标准等。

2. 数字化绿色化政策

美国的绿色发展政策体系包括许多不同的政策、计划和倡议，美国着重从立法角度部署数据和智能技术脱碳行动框架，加强数字基础设施建设，推动智能技术在关键行业脱碳中的应用。如美国能源部发布《工业脱碳路线图》①，提出智能制造和先进的数据分析可以帮助制造业企业提高从单个设备到整体制造设施、供应链的能源效率。《美国国家交通脱碳蓝图》② 提出，数字技术可以通过智能通信系统、实时节能和提高能源生产率，使制造业更具竞争力，智能制造和数据分析技术在工业脱碳中的应用路径，从增强生活便利性、减少出行、优化改善物流等基础层面利用数字技术助力交通脱碳。

美国和欧盟在贸易和技术理事会首次会议③上提出，在新兴技术、数据治理和技术平台、信息通信技术安全与竞争力等方面开展标

---

① Industrial Decarbonization Roadmap, Department of Energy, 2022.9, energy. gov/sites/default/files/2022−09/Industrial Decarbonization Roadmap. pdf.

② U. S. National Blueprint for Transportation Decarbonization, Department of Energy, 2023.1, energy. gov/sites/default/files/2023−01/the−us−national−blueprint−for−transportation−decarbonization. pdf.

③ FACT SHEET：U. S. -EU Establish Common Principles to Update the Rules for the 21st Century Economy at Inaugural Trade and Technology Council Meeting, 2021.9, https：//www. commerce. gov/news/fact − sheets/2021/09/fact − sheet − us − eu − establish−common−principles−update−rules−21st−century.

准制定和推进气候和清洁技术的合作。《关键和新兴技术国家标准战略》①将更新美国基于规则的标准制定方法，强调联邦政府对关键和新兴技术（CETs）国际标准的支持，这将有助于加快由民营企业领导的标准工作，以促进全球市场互通性和美国的竞争力提升和创新。同时，美国提出要加强智能制造和先进的数据分析能力，使制造业更具竞争力。美国能源部还成立了清洁能源智能制造创新研究所（CESMII），旨在推动智能制造的发展和应用。

美国还通过建设数据治理和技术平台来加强对企业减少温室气体排放的支持。比如由美国环境保护署建立的温室气体报告项目②需要报告大型温室气体排放来源、燃料和各类工业气体供应商、碳注入地点的温室气体数据与相关信息。企业和个人可以使用这些数据来跟踪和比较设施的温室气体排放，确定减少污染、最大限度地减少能源浪费和节省资金的机会。

（三）加拿大

1. 中小企业发展状况与特点

加拿大是一个拥有健康创业环境的国家，在中小企业创新的许多方面都表现出色。截至 2022 年 12 月，加拿大共有 122 万家企业，其中中小企业占 99.7%。2016 年至 2020 年，平均每年新成立小企业100475 家，消失小企业 96548 家。截至 2022 年，加拿大小企业雇用了 570 万人，占劳动力总数的 46.8%。中型企业雇用了 210 万人（占劳动力的 17.0%）。中小企业占加拿大出口商品总值的 40.8%。③2020 年，中小企业占私营部门国内生产总值的近一半。小企业对私

---

① FACT SHEET：Biden-Harris Administration Announces National Standards Strategy for Critical and Emerging Technology ｜ The White House.

② https：//www. epa. gov/ghgreporting.

③ SME Profile：Ownership demographics statistics 2022（canada. ca）.

营部门创造的国内生产总值的贡献为 35.1%，而中型企业的贡献为 13.4%。在服务生产部门，中小企业对国内生产总值的贡献最大的是住宿和食品服务（78.1%）、除公共行政以外的其他服务（75.4%）以及卫生保健和社会援助（69.9%）部门。信息文化产业（22.1%），金融、保险、房地产（FIRE）—无住房（30.3%），运输和仓储（37.3%）中小企业对 GDP 的平均贡献较低。虽然高增长企业（HGFs）存在于每个经济部门，但根据 2017 年至 2020 年的就业增长数据，加拿大高增长企业的集中度最高的部门是信息和文化产业（6.0%），专业、科学技术服务（5.2%），行政和支持、废物管理和补救服务（4.4%）[1]。

2. 数字化绿色化政策

加拿大政府将向低碳、适应气候变化和绿色运营过渡。绿色未来和知识经济的未来取决于数字技术。[2] 2022 年，加拿大环境与气候变化部发布《2030 减排计划：加拿大为实现清洁空气和强劲经济而采取的下一步措施》[3]，提出建立一个全面、公开的数字平台——加拿大温室气体补偿信用系统，以跟踪和报告加拿大每个主要温室气体排放源的排放数据和关键净零指标。企业和个人可以通过减少温室气体排放或增加大气中的温室气体清除量获得联邦抵消信用。联邦抵消信用额是可交易的单位，代表一个项目通过减少温室气体排放或增加从

---

[1] KEY SMALL BUSINESS STATISTICS, Innovation, Science and Economic Development Canada.

[2] Justin Trudeau：Strengthening Canada's position as a leader in 5G and digital innovation，2022.10，https：//www.pm.gc.ca/en/videos/2022/10/17/strengthening-canadas-position-leader-5g-and-digital-innovation.

[3] 2030 Emissions Reduction Plan-Canada's Next Steps for Clean Air and a Strong Economy，Environment and Climate Change Canada，2022.3，https：//www.canada.ca/en/environment-climate-change/news/2022/03/2030-emissions-reduction-plan--canadas-next-steps-for-clean-air-and-a-strong-economy.html.

大气中清除的温室气体而实现的经核实的温室气体减排。联邦抵消信用额可以出售和用于联邦产出定价体系所涵盖的设施，也可以出售和用于其他希望实现自愿气候目标或承诺的机构，因此可以鼓励企业开展与常规做法不同的创新项目，减少温室气体。

（四）秘鲁

1. 中小企业发展状况与特点

2020年，秘鲁99.5%的企业是中小企业（包括雇用人数少于10人的微型企业）。2020年，中小企业雇用了近54.1%的经济活动人口（EAP）。到2021年，秘鲁存续中小企业有210余万家，这部分企业占秘鲁经济中所有正式企业的99.5%，其中95.6%是微型企业，3.8%是小型企业，0.1%是中型企业。其中，85.2%从事贸易和服务业，其余（14.8%）从事生产活动（制造业、建筑业、农业、采矿业和渔业）。近年来（2016~2021年），贸易和服务业领域的公司数量以平均每年4.1%的速度增长。中小微企业创造了民营企业雇用的EAP的近91%，占全国增加值的31.2%。[①]

2. 数字化绿色化政策

为实现到2030年减少30%温室气体排放的国家目标，秘鲁设立了"秘鲁碳足迹"数字平台。[②] 秘鲁的碳足迹有三大功能。一是免费的排放计算器。可以根据国际标准NTP ISO 14064-1测量温室气体排放。二是认证系统参与者登记册。一旦注册，企业应承诺每年跟踪其温室气体排放量，将承认各组织在管理温室气体排放方面的成果。三

---

① Estadística MIPYME, https：//ogeiee. produce. gob. pe/index. php/en/shortcode/ estadistica-oee/estadisticas-mipyme#：~：text = M%C3%A1s de 2，1 millones de Mipyme formales operan，95. 6% son microempresas，3. 8% peque% C3% B1a y 0. 1% mediana%E2%80%93.

② https：//huellacarbonoperu. minam. gob. pe/huellaperu/#/inicio.

是提供了减少排放的国家项目清单，以及检查减排测量质量的验证标准。由此平台可以观测到公共和私人组织温室气体排放情况，通过测量其排放量并报告给公共和私人组织可帮助其减少温室气体排放，达成温室气体减排目标，同时能够降低生产成本，提高生产力，提高企业竞争力。

2023 年秘鲁政府批准了《国家数字转型政策》①，其中提出将数字经济与国家的可持续生产过程联系起来。这一目标影响到该国工业和生产部门的中小企业，重点是确保数字普惠金融、完善数字支付机制和微型企业的数字化转型。

（五）日本

1. 中小企业发展状况与特点

2022 年日本共有中小企业 358 万家，占日本企业总数的 99.7%，中小企业的营业额为 3.4 万亿美元，占比约为 43%。2020 年中小企业吸纳就业人数共计 3079 万人，较 2019 年增长约 2.07%，贡献了大约 70% 的就业岗位。中小企业申请专利共 3.8 万件，占比约为 14.9%，占比提高了 5.18 个百分点。从行业分布来看，日本中小企业主要集中在与人民生活密切相关的制造业和服务业等实体经济领域。② 制造业企业的绿色转型离不开绿色基础设施的使用，因此日本政府高度重视利用新一代数字化技术和基础设施支撑绿色转型。

2. 数字化绿色化政策

日本岸田文雄首相在第二百十一届国会施政方针演说③上提出，

---

① Política Nacional de Transformación Digita，2023.7，https：//www.gob.pe/es/44545-politica-nacional-de-transformacion-digital.

② 2023 年版「中小企業白書」，中小企業庁事業環境部調査室，2023.5，https：//www.chusho.meti.go.jp/pamflet/hakusyo/2023/PDF/chusho.html。

③ 《岸田文雄：第二百十一届国会施政方针演说》，2023 年 1 月，https：//www.kantei.go.jp/cn/101_kishida/speech/202301/_00006.html。

日本的绿色转型旨在实现脱碳、能源稳定供给和经济增长三大目标。全面扶持节能、氢和氨投入实际运用、可再生能源及核能等脱碳技术的研发等。从 2023 年春起要具体落实上年以来倡导的亚洲零排放构想，推动亚洲的脱碳化进程。

2021 年，内阁秘书处，经济产业省，内阁办公室，金融厅，总务省，外务省，教育、文化、体育、科学和技术部，农林水产省，国土交通省，环境部发布《2050 碳中和绿色增长战略》①，明确了海上风电、氢/燃料氨、碳循环产业等 14 项产业的战略定位及路线图，力争到 2050 年实现碳中和目标，进而实现经济与环境的良性循环。日本高度重视利用新一代数字化技术和基础设施支撑绿色转型，未来拟设立 2 万亿日元（约合人民币 1000 亿元）绿色创新基金，推动产业重塑。

（六）澳大利亚

1. 中小企业发展状况与特点

根据澳大利亚小企业和家族企业监察者②的数据，2023 年 6 月澳大利亚有 2584978 家中小企业（SME）。中小企业占澳大利亚企业总数的 99.8%，就创造的就业机会而言，截至 2022 年 8 月，小企业雇用了 500 余万人③，占澳大利亚所有就业人数的 42%；中型企业雇用

---

① Green Growth Strategy Through Achieving Carbon Neutrality in 2050 / METI Ministry of Economy, Trade and Industry.

② Number of small businesses in Australi, Australian Small Business and Family Enterprise Ombudsman, 2023. 8, https：//www. asbfeo. gov. au/sites/default/files/2023－10/Number%20of%20small%20businesses%20in%20Australia_ Aug%202023_ 0. pdf.

③ Australian small business and family enterprise report for 2022, Small Business Australian, https：//smallbusinessloansaustralia. com/australian－small－business－family－enterprise－report/.

了 280 余万人，大型企业雇用了 400 余万人（分别占总就业人数的 24% 和 34%）。澳大利亚小企业和家族企业贡献了澳大利亚 GDP 总额的 32.7%（约合 4380 亿澳元）；中型企业贡献了 2830 亿美元，占全国 GDP 总额的 21.2%；中小企业贡献了澳大利亚 GDP 总额的 53.9%。采矿业的贡献明显高于其他行业，最高价值约为 2160 亿美元，小企业贡献约占 9%，约 195 亿美元。从中小企业行业贡献占比来看，贡献最大的是渔业（其中小企业占 78%，贡献了约 315 亿美元）。为减少碳排放，对于采矿业、重工业等污染较大的传统行业，澳大利亚政府着力制定专门的绿色发展政策，以数字化手段促进重工业和能源行业中小企业共同转型。

2. 数字化绿色化政策

政府将在 2023～2024 年投资超过 20 亿澳元①用于数字和信息通信技术，为人们和企业提供便捷、易用和安全的服务。作为"地区动力基金"的一部分，4 亿澳元的"清洁能源产业关键投入流"将支持能源转型关键行业（如钢铁、水泥、石灰和铝）的制造能力。

2023 年 7 月 1 日，澳大利亚政府对推动工业减排保障机制进行改革，以实现 2023 年澳大利亚减排目标。气候工作中心和 Climate-KIC 撰写的《工业脱碳之路》②提出，到 2050 年，澳大利亚的行业排放量可以在 2020 年的基础上减少 92%，这需要重工业和能源行业共同转型。报告还指出应用数字和自动化技术可以提高精度，从而减少工业能耗。比如在采矿业中，数字化精密爆破可以降低运输所需的柴油消耗，减少选矿和精炼所需的能耗。此外，数字技术在

---

① BUDGET STRATEGY AND OUTLOOK, 2023.5, https：//budget. gov. au/content/ bp1/download/bp1_ 2023-24_ 230727. pdf.

② Pathways to industrial decarbonisation, The Australian Industry Energy Transitions Initiative, 2023. 2, pathways-to-industrial-decarbonisation-australian-industry-eti-phase-3-report. pdf（arena. gov. au）.

天然气减排方面的应用有助于减少泄漏、排气和燃烧造成的逸散性排放。

澳大利亚通过加入国际工作组，建立了测量、监测、报告和验证（MMRV）的框架。① 该框架将更好地了解国际天然气供应链中的温室气体排放。该框架倡导通过允许按排放量区分天然气供应链来减少排放，期望形成一种共识方法机制，对从生产前到最终交付的整个国际供应链的温室气体排放进行测量、监测、报告和核查。澳大利亚工业能源转型倡议②开展了一项广泛的计划，以共同探索和应对与排放密集型工业部门脱碳相关的挑战。该组织专注于五条供应链（钢铁、铝、其他金属、化学品和液化天然气），这些供应链在排放、能源使用以及对澳大利亚和全球经济的贡献方面具有重要意义。

（七）新加坡

1. 中小企业发展状况与特点

根据新加坡统计局③的数据，2022 年新加坡有 29.85 万家中小企业（SME）。2022 年，中小企业占新加坡企业总数的 99.5%，雇用人数超过 256 万人，占民营企业就业人数的 71% 左右。中小企业 GDP 名义增加值 2841 亿美元，占企业 GDP 名义增加值总额的 48%。认识到中小企业的关键作用，新加坡政府实施了各种举措来支持它们的成

---

① Australia joins international working group on greenhouse gas（GHG）emissions，2023.11，https：//www.industry.gov.au/news/australia – joins – international – working-group-greenhouse-gas-ghg-emissions.

② Pathways to industrial decarbonisation，The Australian Industry Energy Transitions Initiative，2023.2，pathways–to–industrial–decarbonisation–australian–industry–eti–phase–3–report.pdf（arena.gov.au）.

③ Enterprise Landscape By SMEs And Non-SMEs，tablebuilder.singstat.gov.sg/table/TS/M600981.

长和发展。① 资讯通信媒体发展局（IMDA）提供规划和资助计划；财务援助包括企业发展补助金（EDG）和生产力解决方案补助金（PSG），用于投资创新、技术采用和能力发展以帮助中小企业采用数字解决方案并增强其数字能力。此外，政府还成立了几个专门支持中小企业的机构和组织。其中，新加坡企业发展局作为推动中小企业发展的主要机构，在融资、市场准入和能力建设等领域为中小企业提供援助。

2. 数字化绿色化政策

2023 年，新加坡贸易和工业部供应委员会②宣布以支持本国企业和工人应对近期的挑战，并实现长期的转型和蓬勃发展为重点。新加坡贸易和工业部部长颜金勇提出，面对成本上涨、资源紧张及更具挑战性的国际局势，转型将是取得长期增长与成功的唯一途径。③ 在经济 2030 愿景提出以来所取得的势头和进展的基础上，新加坡将完善其计划和措施，帮助企业为自身的增长做好准备，尤其是在全球经济面临挑战和资源紧张的情况下。其中就包括支持企业在向绿色经济转型时抓住可持续发展的新增长机会，同时引导能源转型以实现更可持续的未来；加强企业的创新和数字化能力，同时扩大与自身广泛的合作伙伴的合作。为了促进绿色经济的发展，新加坡已经发布了有针对性的激励措施，以提高企业的能源和碳效率，支持创新可持续解决方案的开发和商业化，并为企业适应可持续实践和获得绿色机会创造有利的环境。④

① Small and Medium-sized Enterprises（SMEs）in Singapore，Singapore Company Formation，https：//www. singaporecompanyformation. com. sg/small-and-medium-sized-enterprises-smes-in-singapore/.

② Committee of Supply 2023（mti. gov. sg）.

③ Singapore vows to keep economy competitive despite global headwinds，The Star，2023. 2，https：//www. thestar. com. my/aseanplus/aseanplus - news/2023/02/28/singapore-vows-to-keep-economy-competitive-despite-global-headwinds.

④ https：//www. greenplan. gov. sg/key-focus-areas/green-economy/.

《绘制 2050 年能源转型图》① 提出通过在所有终端用户层面采取有效的能效和节能措施，积极管理和优化需求，鼓励企业投资数字解决方案、优化业务流程以促使企业在可持续发展方面发挥更积极的作用。新加坡中央银行新加坡金融管理局（MAS）与其他七家中央银行建立绿色金融体系中央银行和监管机构网络，旨在通过促进与其他国家分享绿色金融的经验和最佳实践，增强金融体系在加强全球对《巴黎协定》的响应方面的作用。②

（八）越南

1. 中小企业发展状况与特点

根据越南统计总局（GSO）2022 年统计数据③，截至 2022 年 6 月，越南中小企业数量近 87 万家，占越南经营企业总数的 98%。2022 年，这些企业贡献了 GDP 的 50%，约 1960 亿美元，占国家预算的 33%，创造了 3150 万个就业机会（占就业总数的 62%），并为国家预算增加了 198 亿美元（通过税收和其他支付和费用）。越南中小企业主要集中在制造业领域。与 OECD 国家相比，越南中小企业创造就业和 GDP 的占比较小，主要是越南有大量非正规中小企业没有被官方统计。④ 作为新兴市场经济体，越南已逐渐成为全球制造业重

---

① CHARTING THE ENERGY TRANSITION TO 2050, ENERGY 2050 COMMITTEE, 2022.3, https：//www.ema.gov.sg/content/dam/corporate/resources/industry－reports/energy－2050－committee－report/EMA－Energy－2050－Committee－Report.pdf.coredownload.pdf.

② Origin and Purpose, Network for Greening the Financial System, https：//www.ngfs.net/en/about-us/governance/origin-and-purpose.

③ STATISTICAL YEARBOOK OF 2022, GENERAL STATISTICS OFFICE, https：//www.gso.gov.vn/en/data-and-statistics/2023/06/statistical-yearbook-of-2022/.

④ SME and entrepreneurship characteristics and performance in Viet Nam, OECD Library.

要的一环，政府十分重视数字化绿色化转型和可持续发展，以此作为
实现未来工业化、现代化的重要路径。

2. 数字化绿色化政策

越南十分重视数字化转型、绿色转型和可持续发展，并将其视为
国家工业化、现代化过程的核心任务，是缩短国家工业化、现代化过
程的新的和突破性方式。越南政府承诺将积极同各国家和国际组织并
肩同行和合作，以大力促进这场工业革命，为世界各民族带来和平和
共同繁荣。越南政府总理范明政提出：绿色增长、能源转换、减排是
不可逆转的趋势，而越南也不例外。这也是实现以绿色、可持续为方
向的经济结构重组的良好机会；要将民族力量与时代力量结合起来，
以实现减少温室气体排放的承诺，致力于国家的可持续发展和为人民
创造幸福的生活。

2021 年规划和投资部批准《2021—2030 年国家绿色增长战略，
2050 年愿景》①，提出以经济部门绿色化为导向，转变增长模式；以
科学技术为基础，通过节俭、高效地利用自然资源和能源资源，发展
循环经济模式；应用数字技术进行数字化转型；发展可持续基础设
施，提高增长质量；发挥竞争优势，减少对环境的负面影响。

（九）马来西亚

1. 中小企业发展状况与特点

2021 年马来西亚共有 1226494 家中小企业，占马来西亚企业总
数的 97.4%。马来西亚中小企业创造的 GDP 在 2022 年增长 11.6%，
而 GDP 增长 8.7%，这表明中小微企业在推动经济增长方面的重要性
日益增加。中小企业对 GDP 的贡献率也增加到 38.4%，增加值达到
5804 亿令吉，相比于 2021 年（5200 亿令吉）大幅增加。服务业和

---

① Chiến lược quốc gia về tăng trưởng xanh, 2021. 10, 1393_ af2db. pdf（moit. gov. vn）.

制造业中小企业继续保持其作为 GDP 主要贡献者的地位，合计占中小企业 GDP 增长的 84.6%。2022 年，中小企业的出口总额为 1445 亿令吉，增长率为 16.3%，其中制造业为 19.5%，服务业为 5.7%。2022 年，中小企业的出口占出口总额为 10.5%。① 制造业的发展离不开能源市场的支撑，促进电力能源市场智能化发展将助力制造业中小企业绿色转型。

2. 数字化绿色化政策

马来西亚能源部发布的《绿色技术总体规划 2017—2030》② 提出要加强智能电网技术的应用以提高能源效率，以数字化方式应对不断变化的电力需求。智能电网不仅可以适应可再生能源的间歇性特点，同时能够提高整个电力输送系统的效率。电力行业的智能电网系统将分阶段实施，首先是引入智能电表，智能电表将提供有关消费者用电量的信息和实时价格，协助消费者管理自己的用电量。

马来西亚企业家和合作社发展部下属机构马来西亚中小企业公司发布的《中小微企业洞察 2021》③ 提出，为中小企业发展自动化、数字化和绿色技术提供 2 亿令吉的融资，并将贷款利率从 5.0%降至 3.0%，为期 12 个月。

2022 年 9 月，马来西亚成立了马来西亚碳交易所（BCX）。④ 马来西亚碳交易所是一家全球性的多资产环境交易所，通过标准化的碳

---

① Micro, Small & Medium Enterprises（MSMEs）Performance, The Department of Statistics, Malaysia, https：//dev. dosm. gov. my/portal - main/release - content/micro-small--medium-enterprises-msmes-performance-2022.

② The Green Technology Master Plan, Ministry of Energy, https：//www. mgtc. gov. my/wp-content/uploads/2020/05/Green - Technology - Master - Plan - Malaysia - 2017 - 20301. pdf.

③ MSME Insights 2021, SME Corporation Malaysia, https：//www. smecorp. gov. my/images/Publication/MSME_ Insights/SME_ Insight_ 2021_ Special_ Highlights. pdf.

④ Bursa Carbon Exchange, https：//bcx. bursamalaysia. com/.

合约促进高质量碳信用额的交易。企业可以购买这些信用额度来抵消其碳足迹，而出售碳信用额度作为回报，将有助于资助和推动国内温室气体减排和去除解决方案和项目的发展。

（十）智利

1. 中小企业发展状况与特点

中小企业占智利所有企业的 98.6% 以上。具体而言，75.5% 的企业是微型企业，20.2% 是小型企业，只有 2.9% 是中型企业。尽管大公司数量不多，但占总销售额的 86.9%，而中小微企业仅占 13.1%。[①]

2. 数字化绿色化政策

塞瓦斯蒂安—皮涅拉总统强调了他对智利数字发展的承诺，强调需要促进新技术的使用，以便利公民的生活，丰富知识，促进发展和贸易，提升福利。[②]

2023 年能源部发布《加速电力部门脱碳的行动》[③]，提出监管的确定性提升和输电控制自动化项目的发展，将直接影响到现有输电线路输电能力的提高，并直接导致可再生能源的更多使用，从而减少电网的排放；考虑在运行数字化的道路上采用尖端技术和《加速能源转型路线图》中提出的倡议，在任何情况下都要保障电力系统的安全。

---

① Financing SMEs and Entrepreneurs 2022: An OECDScoreboard, https://www.oecd - ilibrary. org/sites/2d41390a - en/index. html? itemId =/content/component/2d41390a-en.

② Presidente Piñera destaca las oportunidades de una cultura digital: "Tenemos que prepararnos para el cambio", 2018.9, https://www.gob.cl/noticias/presidente - pinera- destaca - las - oportunidades - de - una - cultura - digital - tenemos - que - prepararnos-para-el-cambio/.

③ Plan de Descarbonización, 2023.8, energia.gob. cl/sites/default/files/documentos/20230801_ jornada_ mesa_ descarbonizacion_ vfinal. pdf.

（十一）韩国

1. 中小企业发展状况与特点

中小企业在韩国经济中扮演着重要的角色。2021 年，韩国全国有中小企业 688.8 万家，占企业总数的 99%。中小企业就业人数为 1700 万人，占总就业人数的 82%。中小企业的收入占总收入的 48%。2021 年，约有 194 万家中小企业从事批发和零售贸易行业，占韩所有行业的最大份额。房地产行业紧随其后，约有 127 万家中小企业。

2. 数字化绿色化政策

2022 年，韩国科学技术信息通信部（MSIT）在第 8 次紧急经济民生会议上发布了《大韩民国数字战略》[①]，该战略在五个关键领域提出了目标：打造世界最高水平的数字能力、加大发展数字经济、创建数字包容社会、共建数字平台政府，以及创新数字文化。这些目标反映了韩国在数字时代成为领先国家的坚定决心。

2020 年，《韩国新政》[②] 提出通过支持可再生能源部门的调整（如绿色交通、可再生能源的数字化管理、海上风电场平台等），确保那些因减少使用煤电和其他传统能源而面临困难的地区实现平稳过渡。基于数字技术，工业综合体将实现智能化和生态友好（高生产率、高能效和低污染）；为实现对能源生产和消费的实时监控，将建立 10 个基于微电网的智能能源平台。为测量和监测企业污染物，将在修订《清洁空气保护法实施令》后，分阶段强制使用物联网测量仪器。

---

① 대한민국 디지털 전략, 2022. 9, 보도자료 - 과학기술정보통신부 (msit. go. kr)。
② The Korean New Deal, 2020. 6, https：//english. moef. go. kr/co/fixFileDown. do? orgNm＝Korean_ New_ Deal. pdf.

《韩国新政 2.0》[①] 提出韩国将构建绿色产业创新生态系统，培育有前途的绿色企业、创建智能绿色产业园区，为企业提供绿色金融，支持企业绿色发展。《绿色金融支持 2050 年零碳目标》[②] 提出，要推动民营企业进行绿色融资，通过明确区分绿色和非绿色产业，引入绿色融资最佳实践指南，开展绿色债券发行试点，制订气候风险管理和监督计划等方式引导私营企业绿色发展。

（十二）印度尼西亚

1. 中小企业发展状况与特点

2022 年，印度尼西亚约有 7200 万家中小企业，占企业总数的 99%。中小企业对 GDP 的贡献为 61%。印度尼西亚中小企业与世界供应链和价值链的融合程度较低，中小微企业仅占印度尼西亚出口总额的 14% 左右。

2. 数字化绿色化政策

2023 年，印度尼西亚在担任 G20 轮值主席国期间[③]专注于 3 个领域——建立更强大的全球卫生体系、促进能源转型和推动数字化转型。数字化转型已经渗透到印度尼西亚的金融、经济、交通、基础设施、健康、教育等几乎所有公共领域。印度尼西亚总统佐科·维多多敦促该国所有行业利用数字技术来参与国际竞争。印度尼西亚央行行长佩里·瓦吉约表示，依托数字化转型促进绿色经济和绿色融资的发展，可以支持印度尼西亚国民经济更快速、更强劲的复苏。数字化转型的一个重要组

① Government Announces Korean New Deal 2.0, 2021.7, https：//english. moef. go. kr/pc/selectTbPressCenterDtl. do？boardCd=N0001&seq=5173.

② Green Finance to Support 2050 Zero Carbon Goals, 2021.1, https：//www. fsc. go. kr/eng/pr010101/75227.

③ CHAIRMAN'S STATEMENT OF THE 13TH EAST ASIA SUMMIT（EAS）FOREIGN MINISTERS' MEETING, 2023.7, https：//asean2023. id/storage/news/FINAL - Chairman-Statement-13th-EAS-FMM. pdf.

成部分就是支付系统的数字化，包括跨境支付交易、开放 API（应用程序编程接口）、跨境快速响应（QR）和央行数字货币（CBDC）。他还指出，绿色经济和绿色融资的发展同样离不开向清洁能源转型。

（十三）泰国

1. 中小企业发展状况与特点

截至 2022 年底，泰国中小企业总数为 3187378 家，比上年增长 0.29%，占全国企业总数的 99.54%。2022 年，中小微企业共就业 12828236 人，占就业总量的 70.99%。与此同时，2022 年微型、小型和中型企业（MSMEs）实现的 GDP 为 61056.04 亿泰铢，占全国 GDP 的 35.2%。从占 GDP 的比重来看，服务业占比最高（43.6%），之后是制造业（40.0%）、批发零售业（20.5%）、农业（0.5%）。2022 年，中小微企业出口额为 10602.079 亿泰铢，折合 305.082 亿美元，占出口总额的 10.6%；微型企业出口额为 26.693 亿美元，占比 0.9%；小型企业出口额为 82.429 亿美元（2.9%），中型企业出口额为 1999.96 亿美元（6.8%）。[①]

2. 数字化绿色化政策

泰国政府于 2021 年提出生物—循环—绿色（BCG）经济[②]发展模型，该模式旨在应用生物经济、循环经济和绿色经济的概念，开发高价值的产品和服务，未来主要发展方向包括能源、材料和生物化学领域。2022 年 APEC 领导人宣言[③]中关于生物循环绿色经济的曼谷目

---

① Situation Report of MSMEs in 2023, The Office of SMEs Promotion（OSMEP），https：//old. sme. go. th/upload/mod_ download/download-20230904173524. pdf.

② https：//www. bcg. in. th/eng/background/.

③ Bangkok Goals on Bio-Circular-Green（BCG）Economy，https：//www. apec. org/ meeting－papers/leaders－declarations/2022/2022－leaders－declaration/bangkok－goals－on－bio－circular－green-%28bcg%29-economy.

标提出，BCG 模式将为发展高质量的基础设施、融资和投资，以及进一步利用科技、创新和数字化创造有利环境。中小型企业推广办公室主任维拉蓬马埃先生在一场研讨会上表示，要加快推进亚太经合组织中小微企业采用 BCG 模式。泰国国家科学技术发展局政策报告中提出，要加强泰国 BCG 工业的可持续竞争力，未来将建立 BCG 相关标识，如碳足迹标识、绿色标识、环境标识；引入诸如碳定价和污染者付费原则等工具，放松对能源交易的管制。此外，泰国于 2022 年首次建立碳信用交易平台①，自然资源和环境部部长瓦拉瓦特·西尔帕—阿查在一次会议上表示，碳信用交换将作为监测和分析我国温室气体（GHG）减排的国家贸易机制发挥关键作用。

三 APEC 经济体中小企业发展启示与建议

加快绿色能源的增长转型是一项长期方略，而数字化是加速这一进程的关键。数字化改变了全球价值链分工的链接方式，随着以电子商务为代表的微型跨国企业崛起，越来越多中小企业通过数字平台实现了跨境链接和跨界链接，提升了在全球价值链分工中的地位和作用。量大面广的中小企业是绿色低碳转型的生力军，APEC各经济体高度重视中小企业可持续发展，积极采取各项举措落实《曼谷生物循环绿色经济目标》和《亚太经合组织中小微企业绿色、可持续和创新战略》，从技术创新、供应链赋能、平台建设、融资支持等方面制定了一系列加快数字化和绿色化转型的政策、规划和倡议，为理解数字创新赋能中小企业绿色发展提供了借鉴和参考。

---

① https：//carbonmarket. tgo. or. th/index. php？lang＝EN&mod＝ZmFx&action＝bGlzdA＝＝&param＝U0JGQVFNQVJLRVVQ＝.

（一）发展启示

1. 平台赋能

平台能集聚产业资源优势，形成覆盖数据端、供应端、消费端、物流端、回收端"五端"闭合的数字平台。如绿色供应链管理平台，能提供碳足迹监测、能源管理等数字化工具及碳交易、碳核查等服务，构建全产业链绿色生态圈。工业互联网平台汇聚数据、技术等资源要素，向产业链上游延伸，可以追溯到产品的生产源头或上游配件的供应商，提升绿色采购和绿色供应商管理能力；向产业链下游延伸，可以将工业与服务业对接，加速绿色消费、绿色包装、绿色物流等发展。

从各经济体绿色公共服务平台建设来看，中国、澳大利亚和泰国等经济体设立了碳排放交易公共服务平台，通过实施排放权的买卖交易，激励本国企业排放减量，促进中小企业采取措施减少温室气体排放。秘鲁设立的"秘鲁碳足迹"数字平台定期测算和报告企业的温室气体排放情况；加拿大也在《2030年减排计划》中提出将建立加拿大温室气体补偿信用系统，跟踪和报告加拿大每个主要温室气体排放源的排放数据和关键净零指标。泰国的中小企业准入计划为中小企业提供了多种平台支撑，如 SMECONNEXT、SME One、SME academy 和 SME Coach 平台。通过这些平台中小企业可以免费获取广泛的商业相关信息、服务和资源，了解行业趋势，获得新技能，提高竞争力，并获得个性化指导，以应对特定挑战并推动增长。

2. 技术赋能

技术赋能是数字化绿色化转型的基石。企业需要利用先进的信息技术和数字工具来提高生产力和运营效率。如高性能计算和人工智能可以通过优化众多参数（包括操作、工艺设计和材料选择）来减少能源和材料消耗。人工智能和物联网等新技术的应用也能够推动企业创新，提升产品和服务的质量，并提供更智能化的解决方案。

在政策支持上，美国提出《关键和新兴技术国家标准战略》①，强调联邦政府对关键和新兴技术（CETs）国际标准的支持，同时提出要加强智能制造和先进的数据分析能力，使美国制造业更具竞争力。韩国新政提出将建立 10 个基于微电网的智慧能源平台，通过收集基于信息和通信技术的数据，实现能源生产和消费的实时监控。

3. 供应链赋能

在企业数字化绿色化转型的基础上，构建自主、完整并富有韧性和弹性的供应链产业链，是制造业数字化转型的关键。② "链式"数字化绿色化转型是指通过产业链和产业集群中关键企业引领带动产业链供应链上下游和产业集群内中小企业协同转型。③ 这是解决中小企业转型中缺钱、缺人、缺技术困境的重要途径，也是大中小企业融通发展的必经之路。如中国山东华亿钢机股份有限公司打造绿色供应链管理信息平台，通过制定绿色供应链管理战略、实施绿色供应商管理、实现绿色生产、开展绿色回收以及完善绿色信息平台建设等工作，带动产业链及供应链相关的中小企业实现数字化转型。

政策支持上，澳大利亚工业能源转型倡议④专注于五条供应链（钢铁、铝、其他金属、化学品和液化天然气）的排放和能源使用。

---

① FACT SHEET：Biden-Harris Administration Announces National Standards Strategy for Critical and Emerging Technology | The White House.

② 中国电子技术标准化研究院：《制造业数字化转型路线图（2021）》，2021 年 9 月。

③ 中国工业互联网研究院、国家工业信息安全发展研究中心：《中小企业"链式"数字化转型典型案例集（2022 年）》，2022 年 11 月 5 日。

④ Pathways to industrial decarbonisation，The Australian Industry Energy Transitions Initiative，2023. 2，pathways－to－industrial－decarbonisation－australian－industry－eti－phase－3－report. pdf（arena. gov. au）。

美国—欧盟贸易和技术理事会联合声明①提出，要加强关键领域的合作，促使中小企业（SME）获得数字工具，确保关键供应链的安全。

4. 多层次金融赋能

绿色低碳技术研发需要大量资金投入，环保风投基金、绿色信贷、绿色债券等金融工具，以及政府对绿色技术、清洁能源的政策投入等，是助力企业数字化绿色化协同的重要保障。如新加坡中央银行新加坡金融管理局（MAS）与其他七家中央银行建立绿色金融体系中央银行和监管机构网络，旨在促进与其他国家分享绿色金融的经验和最佳实践。中国政府通过鼓励地方财政加大对绿色低碳产业发展、技术研发等的支持力度，创新支持方式，引导更多社会资源投入工业绿色发展项目。香港绿色金融协会组织研究与开发绿色金融产品、方法和工具，开展本地和国际性的交流活动，为金融机构参与香港、内地和"一带一路"的绿色投融资提供信息和专案对接平台，致力于推动绿色金融在香港的发展，打造国际绿色金融中心。澳大利亚通过设立 4 亿澳元的"工业转型"项目用于现有工业设施，支持区域内新清洁能源产业的发展，推动现有工业活动去碳化，促进绿色制造发展。泰国的商业发展服务（BDS）项目旨在促进和支持中小企业获得满足其业务需求的商业发展支持服务。根据该方案，中小企业促进办公室（OSMEP）将根据企业规模以 50%至 80%的共同支付方式补贴中小企业的发展费用。

（二）发展建议

1. 推动平台化发展

一是加速推动碳交易和碳信息平台建设。坚持系统开发的价值导

---

① FACT SHEET：U. S.-EU Establish Common Principles to Update the Rules for the 21st Century Economy at Inaugural Trade and Technology Council Meeting，2021. 9，https：//www. commerce. gov/news/fact－sheets/2021/09/fact－sheet－us－eu－establish-common-principles-update-rules-21st-century.

向，借鉴能源管理系统的经验，构建数字化工业碳排放管理体系，形成"配额分配—数据管理—交易监管—执法检查—支撑平台"一体化管理框架，推动企业全面认识碳市场、实现碳交易全链条管理，提升碳排放管理效能。二是打造绿色供应链平台。应对新工业革命以及可持续发展趋势所带来的机遇和挑战，建立绿色供应链信息平台，采集绿色设计、绿色采购、绿色生产、绿色回收等全过程数据，建立供应链上下游企业之间的信息交流机制，实现生产企业、供应商、回收商以及政府部门、消费者之间信息共享。推动物流领域基础公共信息数据有序开放，消除物流信息壁垒和"孤岛"。

2. 提高新兴先进技术水平

一是加强关键技术研发。聚焦化石能源绿色智能开发和清洁低碳利用、新能源、生态环境保护、清洁生产、资源综合循环利用等领域，开展绿色技术攻关和示范应用。二是推动绿色低碳数字解决方案的产业化应用和推广。发展绿色低碳技术咨询、碳资产开发管理、第三方合同能源管理、环保管家等服务业态，强化绿色产品、绿色装备、绿色低碳解决方案供给。三是构建数字科技创新合作生态。各国政府、科技共同体、科学家、工程师、企业家应携手合作，推动解决"双碳"目标管理、碳排放智能监测、碳汇价值测算、企业碳足迹核查等基础性难题。

3. 加大政策支持力度

一是推动绿色融资工具创新。积极探索制定有关绿色金融的法律法规，明确金融主体、金融产品、金融权利和义务。鼓励在政策制定中包含环保议题，允许中小型企业通过提供知识产权、碳排放权等手段来提高信贷。积极推动建立 ESG 信息披露机制，推动高质量环保型企业获得更多贷款和融资支持，推动其发展。二是加强数字低碳相关技能培训。将数字素养和数字技能培训纳入学校课程，在大学和学院开展更多关于数字技术的培训计划，对现有劳动力进行信息通信技术、数字技能和绿色的再培训，为企业提供财务和技术支持，为其员工提供数字技能更新服务等。

4. 加强国际交流与合作

一是鼓励和协调国际组织及项目，形成合力，学习和分享典型经验和做法。积极支持科研机构、科技创新企业、政府部门等牵头组织申报 APEC 数字化绿色化转型项目，通过项目实施为国内外企业搭建交流合作平台，组织政府部门、专家学者、数字技术开发商、数据库管理商和数字解决方案服务商等开展公私对话，分享最佳实践，推动绿色发展数字工具在中小企业的应用。二是深化数字低碳领域相关规则的研讨。加强 APEC 经济体间的交流与对话，并通过分享亚太经合组织成员的想法，进一步创建区域友好数字市场，推动亚太地区数字创新和绿色转型。加强国际碳排放交易市场建设，扩大碳排放交易国际贸易，推进国际碳排放交易规则共识的达成，推动研究制定更加平衡地反映各方利益关切特别是广大发展中国家利益的数字低碳领域相关规则，共同构建开放、透明、公平、公正、安全、可靠的数字治理体系。

附　录
2023年中小企业大事记[*]

1月

1 日　纪念《中华人民共和国中小企业促进法》施行 20 周年。2003 年 1 月 1 日，《中华人民共和国中小企业促进法》正式施行，这是我国第一部关于中小企业的专门法律。法律施行 20 年来，在改善中小企业经营环境、保障中小企业公平参与市场竞争、维护中小企业合法权益、支持中小企业创业创新、促进中小企业健康发展等方面取得了显著成效。

11 日　国务院促进中小企业发展工作领导小组办公室印发《助力中小微企业稳增长调结构强能力若干措施》，立足于"纾困和服务两手抓，调结构和强能力并行推"，从进一步推动稳增长稳预期、着力促进中小微企业调结构强能力两方面，共提出 15 项具体举措，推动中小微企业实现高质量发展。

2月

8 日　国家市场监管总局、工业和信息化部发布《关于促进企业

---

*　伍莹乐整理。伍莹乐，国家工业信息安全发展研究中心保障技术所高级工程师，主要从事中小企业发展政策和动态的跟踪、整理和汇编工作。

计量能力提升的指导意见》，提出打造企业计量协同发展平台，强化中小企业公共服务供给；实施中小企业计量伙伴计划，全面提升产业链相关中小企业计量能力，推动上下游、产供销、大中小企业计量协同发展；常态化开展"计量服务中小企业行"活动等任务举措。

20 日 工业和信息化部印发通知，组织开展第五批专精特新"小巨人"企业培育。根据通知，各省级中小企业主管部门负责组织第五批专精特新"小巨人"企业初核和推荐工作，工业和信息化部将组织专家对各地上报的推荐材料进行评审和实地抽检，并根据审核结果对拟认定的第五批专精特新"小巨人"企业名单进行公示。第二批专精特新"小巨人"企业复核工作同时启动。

21 日 第二届全国中小企业发展环境论坛在深圳召开，工业和信息化部副部长徐晓兰出席主论坛并致辞。徐晓兰在致辞中表示，将加快构建高效服务体系，加快研制进一步健全中小微企业服务体系的指导意见，健全中小企业海外服务体系。徐晓兰还主持召开了全国中小企业服务体系工作调研座谈会。

3月

29 日 工业和信息化部办公厅发布《关于开展 2023 年"一起益企"中小企业服务行动的通知》，该行动以"精准服务，助企惠企"为主题，面向中小企业实际需求，充分发挥各级中小企业公共服务机构、中小企业公共服务示范平台、小微企业创业创新示范基地和中小企业特色产业集群引领带动作用，汇聚各类优质服务资源，深入企业、园区、集群开展服务活动。

30 日 工业和信息化部办公厅、教育部办公厅发布《开展 2023 年全国中小企业网上百日招聘高校毕业生活动》的通知，将从搭建网上招聘对接平台、加强活动宣传、推动招聘信息库建设、创新服务方式、开展实习培训等多方面推动优化中小企业人才结构，促进高校毕业生就业。

4月

7日　国务院减轻企业负担部际联席会议（简称"联席会议"）2023年工作会议在京召开。会议深入学习贯彻习近平总书记关于减轻企业负担工作的重要指示批示精神，总结2022年联席会议工作，部署2023年全国减轻企业负担重点任务。联席会议召集人、工业和信息化部党组书记、部长金壮龙主持会议并讲话。

8日　2023中国中小企业发展大会在沈阳召开，大会主题为"聚焦专精特新　实现经济高质量发展"。大会由国家发展和改革委员会、工业和信息化部、辽宁省人民政府指导，中国中小企业协会、沈阳市人民政府、辽宁省工业和信息化厅主办，致力于引导中小企业走"专精特新"发展道路，进一步提升中小企业创业创新能力和大中小企业融通发展水平，助力辽宁全面振兴新突破三年行动。

14日　十四届全国政协第二次双周协商座谈会在北京召开，中共中央政治局常委、全国政协主席王沪宁主持会议。王沪宁表示，实现中小企业数字化转型是一个系统工程，是产业数字化转型的重点和难点；协商议政要强化问题导向，聚焦中小企业数字化转型在思想认识、体制机制、政策供给、融资支持、平台建设、人才培养等方面存在的问题，提出有针对性、操作性的思路和建议；要引导中小企业深刻认识到数字化转型是高质量发展的必由之路，增强数字化转型的信心和动力。

18日　工业和信息化部办公厅组织开展2023年度大企业"发榜"中小企业"揭榜"工作，工作聚焦制造强国、网络强国重点领域，通过龙头企业发布产业技术创新和配套需求，中小企业"揭榜"

攻关，形成大中小企业协同创新合力，攻克一批产业技术难题，形成一批融通创新成果，助力补短板锻长板强基础，提升产业链供应链韧性和安全水平。

20 日　中国银保监会办公厅发布《关于 2023 年加力提升小微企业金融服务质量的通知》，致力于加力提升小微企业金融服务质量，切实增强小微企业金融服务获得感，促进小微市场主体全面复苏和创新发展，更好激发市场活力和内生发展动力。

5月

9 日　工业和信息化部办公厅、国务院国资委办公厅、全国工商联办公厅组织开展 2023 年"百场万企"大中小企业融通对接活动。活动于 2023 年 5 月启动，持续至 2023 年底。通过组织开展产业链专场对接活动、中央企业和民营企业专场对接、在各行业大会中举办融通对接活动、各地分层次分领域举办形式多样的对接活动，丰富拓展大中小企业融通对接渠道，搭建交流、展示、对接、服务平台。

22 日　工业和信息化部等九部门印发《质量标准品牌赋值中小企业专项行动（2023—2025 年）》，提出通过质量提升、标准引领、品牌建设，促进上下游产业链协同、大中小企业融通发展、产学研用深度融合，持续推进中小企业发展理念、管理、产品、技术和模式创新，不断增强企业竞争力和发展力，激发涌现更多专精特新中小企业。

工业和信息化部等十部门印发《科技成果赋智中小企业专项行动（2023—2025 年）》的通知，提出强化科技成果有效供给，畅通技术供需对接渠道，持续提升中小企业技术实力，建立科技成果赋智中小企业发展的常态化、长效化机制，助力优质企业梯度培育体系建设，提升产业链、供应链韧性和安全水平。

29日　工业和信息化部办公厅开展2023年全国中小企业服务月活动，活动时间：2023年6月。活动以"赋智、赋值、赋能"为主题，组织各类专业化服务机构围绕科技成果赋智中小企业专项行动、质量标准品牌赋值中小企业专项行动、中小企业数字化赋能专项行动开展系列服务活动，助力优质中小企业梯度培育。

国家市场监管总局办公厅、工业和信息化部办公厅发布《关于实施中小企业计量伙伴计划的通知》，提出到2025年，引导100家大企业倡议带动中小企业实施计量伙伴计划，推动形成计量资源充分共享、计量活动有效衔接、计量能力协同推进的大中小企业计量融通创新生态，有力支撑产业链供应链补链固链强链。

6月

14日　财政部、工业和信息化部组织开展中小企业数字化转型城市试点工作，将通过开展城市试点，支持地方政府综合施策，探索形成中小企业数字化转型的方法路径、市场机制和典型模式，梳理一批数字化转型细分行业，打造一批数字化转型"小灯塔"企业，培育一批优质的数字化服务商，开发集成一批"小快轻准"的数字化解决方案和产品，通过示范带动、看样学样、复制推广，引导和推动广大中小企业加快数字化转型，全面提升中小企业数字化水平，促进数字经济和实体经济深度融合。

26日　亚太经合组织（APEC）专精特新中小企业国际合作论坛在广州市举办。论坛以"激活专精特新动能　增进亚太人民福祉"为主题，工业和信息化部副部长徐晓兰出席论坛并致辞。2022年11月，中国国家主席习近平在亚太经合组织领导人非正式会议上提出将中小企业"专精特新"的中方倡议写入领导人宣言，支持中小企业专精特新发展已成为亚太各经济体的广泛共识。

27 日 第十八届中国国际中小企业博览会和第二届中小企业国际合作高峰论坛在广州开幕。工业和信息化部党组书记、部长金壮龙通过视频方式出席开幕式并致辞。工业和信息化部副部长徐晓兰出席会议。本届中博会和高峰论坛由工业和信息化部、国家市场监督管理总局、广东省人民政府共同主办，越南工贸部和联合国工业发展组织担任主宾方。中博会共邀请境内外 2000 余家企业参展。

27 日 工业和信息化部组织开展数字化赋能、科技成果赋智、质量标准品牌赋值中小企业全国行活动（即"三赋"全国行），以落实《中小企业数字化赋能专项行动方案》《科技成果赋智中小企业专项行动（2023—2025 年）》《质量标准品牌赋值中小企业专项行动（2023—2025 年）》，加快中小企业数字化转型步伐，提高科技成果转化和产业化水平，推动中小企业向价值链中高端迈进。

28 日 第十八届中博会中小企业投融资国际论坛暨专精特新中小企业"一月一链"投融资路演活动启动仪式在广州举办。论坛以"科技引领 创新驱动 资本市场赋能中小企业专精特新发展"为主题。工业和信息化部中小企业局、国家知识产权局知识产权运用促进司、深圳证券交易所有关负责同志出席论坛并致辞。

30 日 证监会公示第一批"专精特新"专板建设方案备案名单，9 家区域性股权市场入选，分别为北京股权交易中心、浙江省股权交易中心、江西联合股权交易中心、齐鲁股权交易中心、武汉股权托管交易中心、广东股权交易中心、重庆股份转让中心、宁波股权交易中心、青岛蓝海股权交易中心。

7月

5 日 为贯彻落实党中央、国务院关于促进高校毕业生就业的决策部署，加大专精特新中小企业引才育才力度，工业和信息化部办公厅、教育部办公厅发布通知，在"全国中小企业网上百日招聘高校毕业生活动"基础上，定于7月17日至9月30日举办专精特新中小企业面向2023届高校毕业生网上招聘活动。

7日　工业和信息化部党组书记、部长金壮龙主持召开专精特新中小企业圆桌会议，认真听取企业经营发展情况、困难问题和意见建议，就促进专精特新发展进行了深入交流研讨。会上，来自电子、软件、新材料、新能源、仪器仪表、生物医药等重点行业领域的10家专精特新中小企业负责人作了重点发言。副部长徐晓兰出席会议。

17日　工业和信息化部、财政部发布《举办第八届"创客中国"中小企业创新创业大赛的通知》，大赛将打造为中小企业和创客提供交流展示、项目孵化、产融对接、协同创新的平台，发掘和培育一批优秀项目和优秀团队，催生新产品、新技术、新模式和新业态，推动中小企业转型升级和成长为专精特新中小企业，支持大中小企业融通创新，助力制造强国和网络强国建设。

19日　中共中央、国务院发布《关于促进民营经济发展壮大的意见》，提出持续优化民营经济发展环境、加大对民营经济政策支持力度、强化民营经济发展法治保障、着力推动民营经济实现高质量发展、促进民营经济人士健康成长、持续营造关心促进民营经济发展壮大社会氛围等多方面意见。

21日　工业和信息化部召开"促进中小企业高质量发展"重点建议提案座谈会，听取代表委员关于促进中小企业高质量发展重点建议提案办理情况的意见建议，就进一步完善工作举措、提高办理质量展开深入交流。

25日　中共中央政治局委员、国务院副总理张国清25日至27日在杭州出席2023全国专精特新中小企业发展大会并调研高技术产业发展。他强调，要深入贯彻习近平总书记关于支持中小企业发展的重要指示精神，持续优化发展环境，不断完善支持政策，加快促进中小企业高质量发展，着力培育更多专精特新中小企业，推动中小企业在构建新发展格局、推动高质量发展中发挥更大作用。

26 日　2023 全国专精特新中小企业发展大会于 7 月 26 日至 28 日在杭州举办。本届大会以"专精特新　蓄势聚力"为主题，采用线上线下相结合的方式举办，由工业和信息化部、浙江省人民政府共同主办。

28 日　国家发展改革委等多部门发布《关于实施促进民营经济发展近期若干举措的通知》，通知为推动破解民营经济发展中面临的突出问题，激发民营经济发展活力，提振民营经济发展信心，共出台促进公平准入、强化要素支持、加强法治保障、优化涉企服务、营造良好氛围等五个方面 28 条举措。

8月

1 日　工业和信息化部、中国人民银行、国家金融监督管理总局、中国证监会、财政部等五部门发布《关于开展"一链一策一批"中小微企业融资促进行动的通知》，要求围绕制造业重点产业链，建立"政府—企业—金融机构"对接协作机制，鼓励金融机构结合产业链特点，立足业务特长，"一链一策"提供有针对性的多元化金融支持举措。

21 日　第 29 次亚太经合组织（APEC）中小企业部长会议在美国西雅图举行。会议主题是"为所有人创造有韧性和可持续的未来"。工业和信息化部副部长徐晓兰率团出席会议并围绕"通过数字化工具和技术为全球市场中的中小微企业赋能"议题作主旨发言。亚太经合组织 21 个成员经济体中小企业主管部门部级官员及代表、秘书处执行主任、中小企业工作组主席、工商咨询理事会中小微企业工作组主席等出席会议。

23日　财政部发布《关于加强财税支持政策落实　促进中小企业高质量发展的通知》，从五个方面提出多项具体举措，如落实落细减税降费政策，减轻小微企业税费负担；强化财政金融政策协同，保障中小企业融资需求；发挥财政资金引导作用，支持中小企业创新发展；落实政府采购、稳岗就业等扶持政策，助力中小企业加快发展；健全工作机制和管理制度，提高财税政策效能。

9月

4日　国务院新闻办公室举行新闻发布会，国家发展改革委、工业和信息化部、国家市场监管总局、全国工商联有关负责人出席发布会，介绍推动民营经济高质量发展有关情况。工业和信息化部副部长徐晓兰围绕促进民营中小微企业发展、培育专精特新中小企业新举措等方面问题回答了记者提问。

14日　中央企业产业链融通发展共链行动启动会在北京召开。中央企业产业链融通发展共链行动由国务院国资委、工业和信息化部联合发起，每年择选一批重点产业链组织开展专题活动，聚焦中央企业产业链间协作、中央企业与优质中小企业之间融通发展，建立常态化工作协同机制，在采购订单、协作配套、创新合作、资源共享、产融合作、产业赋能等方面形成一批具有带动引领性的示范合作项目，挖掘一批大中小企业"链式"合作的经验做法，搭建开放共享、相融共生、互利共赢的合作交流平台。

15日　市场监管总局关于印发《市场监管部门促进民营经济发展的若干举措的通知》，提出聚焦持续优化民营经济发展环境、加大对民营经济政策支持力度、强化民营经济发展法治保障、着力推动民营经济实现高质量发展、持续营造关心促进民营经济发展壮大社会氛围等五个方面的22条举措。

22 日 2023 中德（欧）中小企业交流合作大会在山东省济南市开幕。工业和信息化部副部长徐晓兰以视频方式出席大会并致辞。本届大会以"智汇中德·融通发展"为主题，由工业和信息化部、山东省人民政府联合主办。工业和信息化部相关司局及部属单位，有关国家驻华使馆、地方政府、行业协会、外国商协会、跨国公司、专精特新企业等代表参加大会。

27 日 人力资源社会保障部、工业和信息化部发布关于《实施专精特新中小企业就业创业扬帆计划》的通知，通过鼓励创办创新型中小企业、保障专精特新中小企业用工、保障技术技能人才供给、支持技术技能人才发展、支持开展就业见习活动等多方面举措支持专精特新中小企业健康发展，创造更多高质量就业岗位，吸纳更多重点群体就业。

10月

10 日 最高人民法院印发《优化法治环境 促进民营经济发展壮大的指导意见》的通知，加强了对民营经济主体合法权益的保护，制订司法解释加大对民营企业工作人员腐败行为惩处和追赃追缴力度，健全常态化冤错案件纠正机制，依法保护民营经济主体申请国家赔偿的权利。

11 日 工业和信息化部办公厅发布《关于做好 2023—2024 年度中小企业经营管理领军人才培训工作的通知》，培训工作主要针对成长性好、创新能力强、在区域或行业中处于龙头骨干地位的中小企业经营管理者、发展潜力大的初创小微企业经营管理者，在 2023~2024 年度计划培训中小企业经营管理领军人才不少于 2000 名，培训周期为 1 年。

18 日 第三届"一带一路"国际合作高峰论坛召开。"一带一路"倡议提出十年来，沿线国家通过合作取得巨大成功，成为全球经济增长的引擎。习近平主席在开幕式主旨演讲中宣布支持标志性工程和"小而美"民生项目，为中小企业提供3500亿元人民币融资窗口，加强共建"一带一路"项目支持。企业家大会达成972亿美元的项目合作协议，彰显了"一带一路"对全球经济合作的引领作用。

工业和信息化部公布了2023年度中小企业特色产业集群名单，包括北京市丰台区轨道交通智能控制产业集群、北京市大兴区医疗器械产业集群等共计100个，集群认定有效期为三年。

20日　国务院新闻办公室举行2023年前三季度工业和信息化发展情况新闻发布会。工业和信息化部新闻发言人、总工程师赵志国表示，中小企业发展成效显著。前三季度，中小企业经济运行多项关键指标回升向好。加强优质企业培育，累计培育10.3万家专精特新中小企业、1.2万家专精特新"小巨人"企业、200个中小企业特色产业集群，在强链补链中发挥重要作用。

23日　最高人民检察院发布《关于全面履行检察职能推动民营经济发展壮大的意见》，提出要坚持依法平等保护原则，对各类市场主体、各类所有制企业一视同仁对待、依法平等保护；要坚持宽严相济刑事政策，全面准确把握涉民营企业刑事案件中从严和从宽的政策导向；要坚持高质效检察履职办案，做到检察办案质量、效率、效果有机统一于公平正义。

29日　由工业和信息化部、安徽省人民政府共同举办的2023全国中小企业数字化转型大会于安徽省合肥市召开。全国中小企业数字化转型试点城市实施工作于当日正式启动。首批试点城市共有30个市（区），包括苏州、东莞、宁波、成都、厦门、合肥、武汉、青岛、南昌、上海浦东新区、福州、长春、沈阳、大连、南宁、济南、太原、石家庄、郑州、长沙、天津滨海新区、重庆渝北区、昆明、杭州、北京昌平区、深圳、榆林、哈尔滨、兰州、海口。中央财政将对试点城市给予定额奖励，探索支持中小企业数字化转型的有效模式，形成可复制、可推广的经验。

11月

9日 第十二届亚太经合组织中小企业技术交流暨展览会（简称 APEC 技展会）在山东省青岛市召开。工业和信息化部副部长徐晓兰出席开幕式和主论坛并致辞，秘鲁、印度尼西亚、马来西亚、韩国等国家相关政府官员以视频方式致辞和发表主旨演讲。本届 APEC 技展会以"绿色发展　数字赋能　融通创新　合作共赢"为主题，举办 1 场展览、1 场开幕式和主论坛、5 场分论坛、3 场产业链论坛和多场配套对接活动。17 个 APEC 经济体，19 个共建"一带一路"国家中小企业主管部门官员、专家学者和 1600 余家企业参展参会。

10日 工业和信息化部发布《关于健全中小企业公共服务体系的指导意见》，提出到 2025 年，各级中小企业公共服务力量将得到加强，国家、省级中小企业公共服务机构服务能力与质效明显提升、示范效应明显增强，市、县级中小企业公共服务体系覆盖面稳步扩大、服务能力稳步提升；服务资源有效整合，横向连通、纵向贯通、便利共享、泛在可及的"一站式"服务平台基本建成，政策直享、服务直达、诉求直办的服务企业模式逐步形成。

13日 第五届中国—中东欧国家（沧州）中小企业合作论坛在河北省沧州市开幕。工业和信息化部副部长徐晓兰出席开幕式并致辞。塞尔维亚副总理西尼沙·马利、波兰马佐夫舍省省长亚当·斯特鲁齐克以视频方式出席并致辞，波黑、格鲁吉亚驻华大使现场出席。本届论坛以"扩大开放合作　携手发展共赢"为主题，由工业和信息化部和河北省人民政府在中国—中东欧国家（沧州）中小企业合作区联合举办。

27 日　中国人民银行、金融监管总局、中国证监会、国家外汇局、国家发展改革委、工业和信息化部、财政部、全国工商联发布《关于强化金融支持举措　助力民营经济发展壮大的通知》，提出支持民营经济的 25 条具体举措。通知强调要从民营企业融资需求特点出发，着力畅通信贷、债券、股权等多元化融资渠道。银行业金融机构要加大首贷、信用贷支持力度，积极开展产业链供应链金融服务，主动做好民营企业资金接续服务，不盲目停贷、压贷、抽贷、断贷，同时抓好促发展和防风险。

30 日　人力资源社会保障部发布关于《强化人社支持举措　助力民营经济发展壮大》的通知，提出扩大民营企业技术技能人才供给、优化民营企业就业创业服务、推动民营企业构建和谐劳动关系、加大社会保险惠企支持力度等方面的具体举措。

12月

11 日　2023 年中央经济工作会议在北京举行。中央经济工作会议在深化重点领域改革部分指出，要促进民营企业发展壮大，在市场准入、要素获取、公平执法、权益保护等方面落实一批举措。促进中小企业专精特新发展。

14 日　工业和信息化部办公厅、中国证监会办公厅发布通知，将组织开展专精特新中小企业"一月一链"投融资路演活动。活动聚焦制造业重点产业链上专精特新中小企业股权融资需求，每月围绕一条产业链举办投融资路演活动，构建中小企业融资促进良好生态，助力中小企业专精特新发展，推动中小企业在提升产业链供应链稳定性、推动经济社会发展中发挥更加重要的作用。活动于 2023 年 12 月启动，将持续至 2024 年底。

22 日　中国证监会公示符合专板建设要求的区域性股权市场名

单（第二批），8家区域性股权市场入选，分别为天津滨海柜台交易市场、河北股权交易所、上海股权托管交易中心、江苏股权交易中心、安徽省股权托管交易中心、海峡股权交易中心、湖南股权交易所、新疆股权交易中心。

Abstract

Small and medium-sized enterprises (SMEs) are an important pillar of national economic and social development, one of the important forces to promote the sustainable development of the national economy, an important foundation for building a modern economic system and promoting high-quality economic development, and play an irreplaceable role in increasing employment, promoting economic growth, scientific and technological innovation and social harmony and stability. Under the guidance of the spirit of the 20th CPC National Congress and the Central Economic Work Conference, China's private economy has developed vigorously, and by the end of 2023, China's private enterprises have exceeded 53 million, accounting for more than 92% of the total number of enterprises.

The report to the 20th National Congress of the Communist Party of China proposed that "we should build a high-level socialist market economy, adhere to and improve the basic socialist economic system, unswervingly consolidate and develop the public sector of the economy, and unswervingly encourage, support and guide the development of the non-public sector of the economy." Since 2023, the state has issued a series of laws, regulations and policy documents, implemented a number of measures in market access, access to factors, fair law enforcement, rights and interests protection, and further enhanced the comprehensive strength and core competitiveness of small and medium-sized enterprises, laying a solid foundation for China's overall economic recovery.

Looking back on the development situation of China's small and medium-sized enterprises in 2023, "digital transformation", "specialized and sophisticated", "Preferential policies for enterprises" and so on have become hot and key. Some achievements have been made in helping small and medium-sized enterprises to rescue and solve difficulties, cultivating specialized and sophisticated "little giants", promoting the financing of small and medium-sized enterprises, pilot cities for digital transformation, etc. The role of small and medium-sized enterprises in the development of the national economy has become increasingly prominent, and a series of problems such as financing difficulties, financing expensive, and accounts arrears have attracted more and more attention. Therefore, this report attempts to show the main situation of China's SMEs in the fields of digital transformation, specialization and sophistication, financing promotion, rights and interests protection, exchange and cooperation from these hot and key areas of SMEs development.

At the same time, the opportunities and challenges facing the development of SMEs in China are still intertwined, and it is necessary to continue to strengthen the protection of the rule of law, strengthen financing support, optimize the business environment, strengthen the guarantee of talent demand, enhance scientific and technological innovation capacity, deepen digital transformation, support SMEs to participate in major national strategies, promote international development, and promote SMEs to become bigger, better and stronger to achieve high-quality development. We will make positive contributions to the new journey of comprehensively building a modern socialist country.

Keywords: Small and Medium-Sized Enterprises; Specialized and Sophisticated; Digital Transformation; High-quality Development

Contents

I General Report

Abstract: In 2023, the development vitality of China's small and medium-sized enterprises (SMEs) as a whole rebounded, pressure growth throughout the year, the overall scale further expanded, the financing service system continued to improve, and digital transformation began a new journey. However, it should also be noted that the current global instability has increased, and SMEs still face problems such as rising costs, failing to increase income and defaulting on accounts receivable. They still face certain obstacles in financial support and innovation in integrating large, small and medium-sized enterprises. In the next step, to continue to consolidate and strengthen the momentum of economic recovery, the government should strengthen the legal protection of SMEs, strengthen financing support, optimize the business environment, strengthen the demand for talents, enhance scientific and technological innovation capabilities, support participation in major national strategies, and promote the specialized, innovative and high-quality development of SMEs.

Keywords: Small and Medium-sized Enterprises (SMEs); Specialized and Sophisticated Enterprises; Digital Transformation

Ⅱ Policy Reports

B.2 Overview of National and Local Policies for SMEs in 2023

Li Wenyang / 024

Abstract: Small and medium-sized businesses (SMEs) play a significant role in the economic and social development of a country. They are also a vital component of supply chains and the industrial economy, contributing to increased employment, innovation, and improved living standards. China's economy will be strong if its small and medium-sized businesses are doing well; a strong small and medium-sized business sector would also strengthen the regional economy. To effectively help small and medium-sized enterprises transform and upgrade, improve quality and efficiency, reduce the burden on enterprises, and support the sustainable, stable, and healthy development of small and medium-sized enterprises, the state and local governments have issued a series of support policies for the development of small and medium-sized enterprises, which provide a good institutional guarantee for promoting the high-quality development.

Keywords: Small and Medium-sized Businesses (SMEs); Policy Support; Business Environment

III Digital Transformation Reports

B.3 Research on the Mechanism of Digital Technology Enable
SMEs and Digital Products and Services
Liu Canyao, *Wang Xinxin and Xia Yingfei* / 040

Abstract: The digital transformation of small and medium-sized enterprises is an important starting point to promote the deep integration of digital economy and real economy, and an important supporting force to promote the new industrialization. At present, digital transformation has become a "must answer" for the high-quality development of small and medium-sized enterprises. This paper studies the typical mechanism, empowerment path and related representative products and services of digital transformation enabling small and medium-sized enterprises in research and development design, production and manufacturing, procurement and supply, marketing and after-sales service, business collaboration. The research finds that in the future, China still needs to further cultivate the talent team of digital transformation, adhere to transformation guidance and policy support, promote the virtuous cycle of domestic industrial software, and optimize the ecology of digital transformation of small and medium-sized enterprises.

Keywords: Small and Medium-sized Enterprises; Digital Transformation; Products and Services; Enabling Mechanism

B.4 Typical Model and Mechanism of "Chain" Digital
Transformation of SMEs *Liu Canyao*, *Wang Zihe* / 066

Abstract: The "chain" digital transformation of small and medium-sized enterprises promoted by multiple forces has the typical characteristics of resource sharing, technology progress, process optimization and cost reduction, which is a powerful means to lead and drive the digital transformation of small and medium-sized enterprises. This paper analyzes the typical mode of "chain" digital transformation of small and medium-sized enterprises in detail based on specific cases, analyzes the enabling mechanism and representative characteristics of technology enabling mode, supply chain enabling mode, platform enabling mode and supply chain enabling mode, and summarizes the typical mode of "chain" digital transformation of representative industries. The research finds that "chain" digital transformation is conducive to improving the efficiency of research and development innovation, promoting the cooperation of upstream and downstream of the industrial chain, optimizing the production and operation system of the industrial chain. In the future, it is still necessary to further strengthen the policy coordination of the central and local governments, mobilize the resources and strength of service institutions, give full play to the leading role of the chain, build a good transformation ecological system, and steadily promote the transformation and reform of small and medium-sized enterprises.

Keywords: Small and Medium-sized Enterprises; "Chain" Digital Transformation; Empower Model

B.5 Progress and Typical Practices of SMEs' Digital Transformation
City-based Pilot Project   *Wang Zihe* / 093

Abstract: In order to thoroughly implement the series of decisions and deployments of the CPC Central Committee and the State Council on supporting the innovation and development of small and medium-sized enterprises and accelerating the digital transformation of small and medium-sized enterprises, from 2023 to 2025, the Ministry of Finance and the Ministry of Industry and Information Technology plan to organize and carry out the pilot work of digital transformation cities for small and medium-sized enterprises in three batches. This work aims to accurately grasp the pain points and difficulties faced by small and medium-sized enterprises in digital transformation, fully mobilize local enthusiasm, coordinate various resources to optimize supply, reduce the cost of digital transformation, take digital transformation as an opportunity to improve the core competitiveness of small and medium-sized enterprises, stimulate the emergence of more specialized, special and new small and medium-sized enterprises, and promote the high-quality development of the real economy. Replicate and promote experience by accelerating digital transformation. Enhance core competitiveness by improving the level of innovation. By strengthening cooperation in the industrial chain, we will achieve integrated development.

Keywords: Small and Medium-sized Enterprises; Urban Pilots; Digital Transformation

Ⅳ Specialized and Sophisticated Enterprise Reports

B.6 Typical Experiences and Countermeasures of Local Governments in Promoting the Development of Specialized and Sophisticated SMEs *Li Wenyang* / 120

Abstract: As the foundation of high-quality Small and Medium-sized Enterprises (SMEs), Specialized-Fined-Peculiar and Innovation SMEs are not only critical to increasing economic resilience and modernizing industrial and supply chains, but they are also an indispensable and important force in stimulating innovation vitality and improving the industrial ecology. In order to encourage more SMEs to become Specialized-Fined-Peculiar and Innovation enterprises, accelerate the promotion of new quality productivity, and achieve high-quality growth, all local governments are actively looking for effective ways to encourage the growth of SMEs, and they are committed to delivering instructional, targeted, and scientific solutions.

Keywords: Local Governments; Small and Medium-sized Enterprises (SMEs); Specialized and Sophisticated; Technoligical Innovation

B.7 Current Development Status of Specialized and Sophisticated Listed SMEs and Lessons from Developed Countries

Leng Zhe / 144

Abstract: Specialized and Sophisticated listed enterprises are the key engine to promote the construction of modern industrial system and accelerate cultivation of new quality productive forces. In 2023, the development potential of China's specialized and Sophisticated listed enterprises is more prominent, whose development resilience is increasingly stronger, and the innovation strength continues to improve. They are playing an important role in stabilizing growth, reinforcing weaknesses, strengthening the foundation, filling gaps, and ensuring the security and stability of the key industrial chain and supply chain. Similarly, the United States and Japan have also given strong policy support to "NicheTop Enterprises", so the same goes for Germany to "hidden champion" enterprises, which boost significantly international competitiveness of domestic SMEs. Therefore, based on the development reality and drawing on good practices, China should increase fiscal support for the technical innovation of specialized and Sophisticated listed enterprises, and strengthen financing support and the construction of public service system, and take multiple measures to support enterprises to going global.

Keywords: Specialized and Sophisticated; Listed Enter-prises; Hidden Champion

B.8 Analysis of Equity Financing Status of Specialized and
　　　Sophisticated "Little Giant" Firms　　　*Wu Zhaoyuan* / 161

Abstract: In 2023, the equity financing of specialized and Sophisticated "Little-Giant" enterprises is stable and positive, Second-board Market and Beijing Stock Exchange have become the main battlefield for "Little-Giant" enterprises IPO, and the number of listed enterprises on the New Third Board continues to rise. However, there are still many problems in the development of specialized and sophisticated "Little-Giant" enterprises. In the future, it is necessary to strengthen policy support, and improve scientific and technological innovation system, and promote digital transformation, comprehensively creating an enabling environment.

Keywords: Specialized and Sophisticated; Equity Finan-cing; "Little-Giant" Enterprises

V　Special Reports

B.9 APEC Policy and Practice on Supporting SMEs' Digital
　　　Innovation and Green Development
　　　　　　　　Li Wenyang, Xia Yingfei and Yang Zhuofan / 176

Abstract: Small and medium-sized enterprises (SMEs) are active participants and major forces in digital innovation and green development, playing an irreplaceable role in promoting economic growth, technological innovation, increasing tax revenue, creating jobs, and improving people's livelihood. With the vigorous rise of a new round of scientific and technological revolution and industrial transformation, a new generation of information technology is widely used, and digital technology is changing with each passing day, providing strong support for the integration of the digital economy into the whole process of social development in all fields. Digital innovation includes not only the innovation of digital technology itself, but also the innovation of products, processes, organizations and models supported by digital technology. Giving full play to the enabling role of digital innovation can effectively alleviate the pressure on resources and the environment, enhance the resilience of supply chains and industrial chains, and achieve green and sustainable development goals.

Keywords: APEC Economies; Small and Medium-sized Enterprises (SMEs); Digitization; Greening

权威报告·连续出版·独家资源

皮书数据库
ANNUAL REPORT(YEARBOOK)
DATABASE

分析解读当下中国发展变迁的高端智库平台

所获荣誉

- 2022年，入选技术赋能"新闻+"推荐案例
- 2020年，入选全国新闻出版深度融合发展创新案例
- 2019年，入选国家新闻出版署数字出版精品遴选推荐计划
- 2016年，入选"十三五"国家重点电子出版物出版规划骨干工程
- 2013年，荣获"中国出版政府奖·网络出版物奖"提名奖

皮书数据库　　　　"社科数托邦"
　　　　　　　　　微信公众号

成为用户

登录网址www.pishu.com.cn访问皮书数据库网站或下载皮书数据库APP，通过手机号码验证或邮箱验证即可成为皮书数据库用户。

用户福利

- 已注册用户购书后可免费获赠100元皮书数据库充值卡。刮开充值卡涂层获取充值密码，登录并进入"会员中心"—"在线充值"—"充值卡充值"，充值成功即可购买和查看数据库内容。
- 用户福利最终解释权归社会科学文献出版社所有。

数据库服务热线：010-59367265
数据库服务QQ：2475522410
数据库服务邮箱：database@ssap.cn
图书销售热线：010-59367070/7028
图书服务QQ：1265056568
图书服务邮箱：duzhe@ssap.cn

社会科学文献出版社 皮书系列
SOCIAL SCIENCES ACADEMIC PRESS (CHINA)

卡号：277925599863
密码：

S 基本子库
UB DATABASE

中国社会发展数据库（下设 12 个专题子库）

紧扣人口、政治、外交、法律、教育、医疗卫生、资源环境等 12 个社会发展领域的前沿和热点，全面整合专业著作、智库报告、学术资讯、调研数据等类型资源，帮助用户追踪中国社会发展动态、研究社会发展战略与政策、了解社会热点问题、分析社会发展趋势。

中国经济发展数据库（下设 12 专题子库）

内容涵盖宏观经济、产业经济、工业经济、农业经济、财政金融、房地产经济、城市经济、商业贸易等 12 个重点经济领域，为把握经济运行态势、洞察经济发展规律、研判经济发展趋势、进行经济调控决策提供参考和依据。

中国行业发展数据库（下设 17 个专题子库）

以中国国民经济行业分类为依据，覆盖金融业、旅游业、交通运输业、能源矿产业、制造业等 100 多个行业，跟踪分析国民经济相关行业市场运行状况和政策导向，汇集行业发展前沿资讯，为投资、从业及各种经济决策提供理论支撑和实践指导。

中国区域发展数据库（下设 4 个专题子库）

对中国特定区域内的经济、社会、文化等领域现状与发展情况进行深度分析和预测，涉及省级行政区、城市群、城市、农村等不同维度，研究层级至县及县以下行政区，为学者研究地方经济社会宏观态势、经验模式、发展案例提供支撑，为地方政府决策提供参考。

中国文化传媒数据库（下设 18 个专题子库）

内容覆盖文化产业、新闻传播、电影娱乐、文学艺术、群众文化、图书情报等 18 个重点研究领域，聚焦文化传媒领域发展前沿、热点话题、行业实践，服务用户的教学科研、文化投资、企业规划等需要。

世界经济与国际关系数据库（下设 6 个专题子库）

整合世界经济、国际政治、世界文化与科技、全球性问题、国际组织与国际法、区域研究 6 大领域研究成果，对世界经济形势、国际形势进行连续性深度分析，对年度热点问题进行专题解读，为研判全球发展趋势提供事实和数据支持。

法律声明

"皮书系列"（含蓝皮书、绿皮书、黄皮书）之品牌由社会科学文献出版社最早使用并持续至今，现已被中国图书行业所熟知。"皮书系列"的相关商标已在国家商标管理部门商标局注册，包括但不限于LOGO（▧）、皮书、Pishu、经济蓝皮书、社会蓝皮书等。"皮书系列"图书的注册商标专用权及封面设计、版式设计的著作权均为社会科学文献出版社所有。未经社会科学文献出版社书面授权许可，任何使用与"皮书系列"图书注册商标、封面设计、版式设计相同或者近似的文字、图形或其组合的行为均系侵权行为。

经作者授权，本书的专有出版权及信息网络传播权等为社会科学文献出版社享有。未经社会科学文献出版社书面授权许可，任何就本书内容的复制、发行或以数字形式进行网络传播的行为均系侵权行为。

社会科学文献出版社将通过法律途径追究上述侵权行为的法律责任，维护自身合法权益。

欢迎社会各界人士对侵犯社会科学文献出版社上述权利的侵权行为进行举报。电话：010-59367121，电子邮箱：fawubu@ssap.cn。

社会科学文献出版社